Haushaltsreiniger, Pflegeprodukte & Co.

Natürlich, ökologisch, selbst gemacht ...

Am Titelbild zu sehen: Echte Marseille-Seife mit 72 % extra nativem Olivenöl.

Vielen Dank an Sylvia Hampikian, Expertin der Pharmatoxikologie und Anhängerin von Naturprodukten, für ihr Fachlektorat

Umschlaggestaltung:
DSR Werbeagentur Rypka GmbH, 8143 Dobl, www.rypka.at

Bildnachweis: Umschlagabb. Vorderseite/Umschlagabb. Rückseite/Abb. Innenteil: Guillaume Jailleau-Longueville

Titel der französischen Originalausgabe: Laëtitia Royant: Je fabrique mes produits ménagers et mon shampooing, mon savon … © 2010, 2011 Terre Vivante, Mens/Frankreich, www.terrevivante.org

Aus dem Französischen ins Deutsche übertragen von Mag. Christian Schweiger

Der Inhalt dieses Buches wurde vom Übersetzer und vom Verlag nach bestem Wissen überprüft; eine Garantie kann jedoch nicht übernommen werden. Die juristische Haftung ist daher ausgeschlossen.

Bibliografische Information der Deutschen Nationalbibliothek
Die Deutsche Nationalbibliothek verzeichnet diese Publikation in der Deutschen Nationalbibliografie; detaillierte bibliografische Daten sind im Internet unter http://dnb.d-nb.de abrufbar.

Hinweis: Dieses Buch wurde auf chlorfrei gebleichtem Papier gedruckt. Die zum Schutz vor Verschmutzung verwendete Einschweißfolie ist aus Polyethylen chlor- und schwefelfrei hergestellt. Diese umweltfreundliche Folie verhält sich grundwasserneutral, ist voll recyclingfähig und verbrennt in Müllverbrennungsanlagen völlig ungiftig.

Auf Wunsch senden wir Ihnen gerne kostenlos unser Verlagsverzeichnis zu:
Leopold Stocker Verlag GmbH
Hofgasse 5/Postfach 438
A-8011 Graz
Tel.: +43 (0)316/82 16 36
Fax: +43 (0)316/83 56 12
E-Mail: stocker-verlag@stocker-verlag.com
www.stocker-verlag.com

ISBN 978-3-7020-1507-7

Alle Rechte der Verbreitung, auch durch Film, Funk und Fernsehen, fotomechanische Wiedergabe, Tonträger jeder Art, auszugsweisen Nachdruck oder Einspeicherung und Rückgewinnung in Datenverarbeitungsanlagen aller Art, sind vorbehalten.

© Copyright der deutschen Erstausgabe: Leopold Stocker Verlag, Graz 2015

Layout: DSR Werbeagentur Rypka GmbH,
8143 Dobl, www.rypka.at
Gesamtherstellung: Druckerei Theiss, A-9431 St. Stefan

Haushaltsreiniger, Pflegeprodukte & Co.
Natürlich, ökologisch, selbst gemacht ...

Laëtitia Royant

Leopold Stocker Verlag
Graz – Stuttgart

Inhalt

Selbstporträt 7
Vorwort 8
Gebrauchsanleitung 10
Rückblick 13

1 Allzweckreiniger 15
Reiniger für Oberflächen und Böden 17
    Reinigungsmittel mit Schmierseife 17
    Reiniger mit Kristallsoda 19
    Reiniger mit Olivenölseife 19
Desinfektionsmittel 21
    Universaldesinfektionsmittel 21
Fensterreiniger 25
    Die Fensterzeitung 25
    Essigfensterreiniger 25
    Fensterreinigung mit Spülmittel 25
Abstaubmittel 27
    Hausleder 27
Bohnerwachs 29
    Bienenbohnerwachs 29
Lufterfrischer und Raumparfüms 31
    Raumparfüm 31
    Antibakterielle und aromatische Verdampfung 31

2 In der Küche 33
Spülmittel 35
    Geschirrseife 35
    Expressspülmittel mit Essig 35
    Wiederentdeckt: Schaumloses Seifenwasser 37
Der Schwamm 39
    Recyclingschwamm 39
    Gartenschwamm (Luffa) 39

3 Im Bad 41
Seife 43
    Flüssige Olivenölseife 43
    Recyclingseife im Stück 43
    Witzige Kinderseife 45

Shampoo 47
    Shampoo im Stück 49
    Eiershampoo 49
    Kamillenspülung 49
Zahnpasta 51
    Minimalistische Zahnpasta 51
    Zahnpulver mit weißer Tonerde 51
    Zahnpasta mit grüner Tonerde 53
Deodorant 55
    Deo… odorant 55
    Duftlotion für den Sommer 57
Andere Kosmetika 59
    Calendula-Reinigungsmilch 59
    Schutzcreme 59
    Belebende Rosenlotion 61
    Tonerde Gesichtsmaske 61
Für die Kleinen 63
    Universalpflegeöl 63
    Lavendelsonnenwasser 65

4 In der Toilette 67
Toilettenmittel 69
    Toilettenreinigungsmittel 69
    Toilettendesinfektionsmittel 71
    Toilettenparfüm 71

5 In der Waschküche 73
Waschmittel 75
    Kernseifenwaschmittel 75
    Aschenwaschmittel 75
    Nachtwäsche 77
    Universalfleckenmittel 77
    Weichspüler 77
    Wäscheparfüm 79

Statt eines Schlussworts 81
Anhang 82

Selbstporträt

Wir möchten an dieser Stelle darauf hinweisen, dass es sich bei dem vorliegenden Buch um eine Übersetzung aus dem Französischen handelt. Auf einigen Abbildungen sind deshalb französische Bezeichnungen zu lesen, die aber in der Bildlegende erläutert sind.

Für alle „kleinen" Leute wie meine „kleine Oma" (süß wie ein Keks), die bis an ihr Lebensende ohne Auto und Waschmaschine zurechtkam …
Und für Ondine, Océane, Heidi, Pierre, Enéo, Joakim, Lily, Ayla, Yaelle, Clara, Simon, Fleur, James, Brice, Marie, Svetlana, Solenn, Marilou, Salomé, Léandre, all diese Kinder, die die (informierten) Erwachsenen von morgen sein werden.

Laëtitia Royant

Selbstporträt

Ich heiße Laëtitia und bin 37 Jahre alt. Ich hatte das große Glück, auf dem Land im schönen westfranzösischen Poitou aufwachsen zu können. Mit 18 zog ich wegen meines Studiums nach Bordeaux, wo ich auch meine (große) Liebe kennenlernte, mit der ich seit nunmehr fast 20 Jahren mein Leben teile. Ich habe keine eigenen Kinder, sondern die Kinder meines Mannes aufgezogen.

Ich hatte mehrere Berufe und habe mit Kindern, bei einem lokalen Radiosender und in einem beliebten Verein für Bildung und Betreuung gearbeitet. Seit einigen Jahren kümmere ich mich um behinderte und sterbende Menschen. Ich bin keine Spezialistin, aber an vielem interessiert. Vor etwa zehn Jahren habe ich beschlossen, meinen Alltag nach meinen Werten auszurichten. Seitdem ist mein Leben ein steter Wandel und passt sich „ganz automatisch" meinem Bewusstsein an. Manche nennen mich einen „Ökofreak". Das ist nicht ganz verkehrt, da mir die Umwelt am Herzen liegt. So habe ich auch einige Gewohnheiten aufgegeben, damit mein Leben auch meinen Überzeugungen entspricht: Ich verwende keine Wattepads, kein Küchenpapier und keine Wegwerftaschentücher mehr, sondern verwende nur noch die nötigsten Mittel in Bad und Küche, ja im ganzen Haus. Wir haben einen Kühlschrank, der den Bedürfnissen unseres Zweier-Haushaltes angepasst ist, und surfen auch nicht sinnlos im Internet herum.

Wenn ich heute die meisten Produkte für Haushalt, Hygiene und Kosmetik nach alten, wiederentdeckten Rezepten selbst herstelle, so belastet dies sowohl meine Geldbörse als auch die Umwelt weniger.

Und doch kenne ich Widersprüche und Kompromisse wie alle anderen Menschen: Nein, ich kaufe nicht nur Bio, habe ein Mobiltelefon und mein Auto legt zahlreiche Kilometer zurück, um mich zur Arbeit zu bringen. Ich glaube nicht, dass die Ökologie alles lösen kann — ein gesunder Hausverstand jedoch schon!

Vorwort

Dieses Buch ist eine Zusammenfassung etlicher Improvisationen und ein Werkzeug für den Alltag. Es stellt die grundlegendsten Rezepte zusammen, um das Arsenal chemischer Substanzen zu ersetzen, die sich in unseren Haushalten eingenistet haben. Ein kleiner Blick in Geschichte, Preise und Auswirkungen der gängigsten Mittel in Haushalt und Kosmetik sollen dazu dienen, unsere Gewohnheiten zu hinterfragen. Dabei soll es vor allem auch darum gehen, Freude daran zu entwickeln, Dinge selbst herzustellen und bloßes Wissen durch Know-how zu ergänzen, dabei aber komplizierte Rezepte mit unrealisierbaren Formeln zu vermeiden. Mein Ökohaus vereint Ökologie, Ökonomie und … Spaß!

Anfangs war all dies eine Sammlung von Notizen, Artikeln und Gesprächen; ein wildes Durcheinander aus Ideen, Tipps und Tricks, die ich skeptisch, neugierig oder staunend ausprobierte. Ich stellte meine Gewohnheiten zunächst vor allem aus umweltpolitischen Gründen in Frage, bald wurde aber klar, dass wir dabei auch Geld einsparten.

Ich brauchte ein Weilchen, um die für mich neue Begrifflichkeit der Inhaltsstoffe entziffern zu können, die wie Hieroglyphen kleingedruckt auf den Verpackungen stehen. Ich musste mir eingestehen, dass ich bis dahin nie wirklich darauf geachtet hatte, wie und woraus unsere Haushaltsprodukte hergestellt werden, woher die Zutaten stammen und wozu sie dienen. Eigentlich verstand ich nur den Preis auf der Packung. Seitdem habe ich ein ausgeprägtes Interesse, hinter die Kulissen und vielversprechenden Werbeslogans zu blicken und das Ganze in einen historischen und kulturellen Zusammenhang zu bringen, um meine Gewohnheiten besser hinterfragen zu können. Das führte zu einer langen Folge von Fragen und durchaus unterhaltsamen Experimenten.

Auch wenn manche Rezepte in diesem Buch auf den ersten Blick vielleicht simpel oder überholt erscheinen mögen, habe ich sie doch ganz bewusst ausgewählt. Es ist mir wichtig, dass sie so einfach und realisierbar wie möglich sind. Die Zutaten sind hauptsächlich lokaler Herkunft und sowohl leicht als auch preiswert zu beschaffen; von Interesse ist vor allem, dass sie die Umwelt nur gering belasten.

Im Anhang werden häufig gestellte Fragen beantwortet. Ist das nicht der Fall, dann dient das nur dem Zweck, Ihre Neugier zu steigern.

Dieses Buch erhebt keinerlei Anspruch auf Vollständigkeit und soll eher zum Nachdenken und zum Experimentieren einladen. Ich stelle diese Sammlung minimalistischer Rezepte in einer Zeit zusammen, in der wir mit Erfindungsreichtum auf die „Krise" und die zunehmende Knappheit von Ressourcen antworten sollten.

Entsprechend wendet sich dieses Buch

> an all jene, die mit ihren bescheidenen Mitteln oder noch weniger über die Runden kommen möchten;

> an Einzelgänger, die Spaß daran haben, in ihrer Küche ein paar alte Rezepte wiederzuentdecken;

> an alle Wagemutigen, die sie schon in ihrem Alltag anwenden;

> an alle Neugierigen, die (z. B. im Campingurlaub), die bewusste Einfachheit ausprobieren möchten;

> und an all jene, die jahrelang als Träumer, Umweltfreaks und harmlose Verrückte abgestempelt wurden, deren Ausdauer jedoch heute Früchte trägt.

Dies ist eine Lobrede auf die Einfachheit und ein kleiner Beitrag zu einer neuen, noch zu erfindenden Gesellschaft der Enthaltsamkeit.

Gebrauchs-anleitung

✦ Jede Produktrubrik enthält:

◇ einen Steckbrief des beschriebenen Mittels
◇ aktuelle Daten zu Umweltverträglichkeit und Auswirkungen auf die Gesundheit
◇ alternative Tipps
◇ Ideen alter Hausmittel statt klassischer Haushaltsprodukte aus dem Handel
◇ Kostenschätzungen für die Umsetzung der Rezepte (Wasser- und Energiekosten
   werden allerdings nicht angeführt)

✦ Maßeinheiten:

◇ 1 Teelöffel = etwa 5 ml
◇ 1 Esslöffel = 10 bis 15 ml
◇ 1 Glas = etwa 200 ml
◇ 1 Schüssel = etwa 350 ml
◇ 1 g wässrige Flüssigkeit = 20 Tropfen
◇ 1 g alkoholische Flüssigkeit = 55 Tropfen
◇ 1 g ölige Flüssigkeit = 50 Tropfen

✦ Materialcheckliste:

◇ Eine Schürze
◇ Eine Raspel oder ein Schäler
◇ Eine Waage (nach Möglichkeit präzise)
◇ Holzlöffel
◇ Besteck
◇ Behälter (aus Glas, Ton usw., aber nicht aus/mit Aluminium oder Teflon)
◇ Geschirrtücher

◇ Topflappen
◇ Haushaltshandschuhe
◇ Töpfe (kein Alu)
◇ Ein Trichter
◇ Ein Schneebesen oder Mixer
◇ Ein Sieb
◇ Verschiedene Plastikbehälter (wie Flaschen von Shampoo, Kosmetikartikeln, Spülmitteln, Glasreinigern usw.)
◇ Gläser in verschiedenen Größen (von Marmelade u. Ä.)

✦ Praktische Ratschläge!

◇ Vor dem Arbeitsbeginn sollten die Hände ebenso sauber sein wie die Arbeitsfläche.
◇ Nach Abfüllung des fertigen Erzeugnisses gleich mit Angabe des Namens, der Zutaten und des Herstellungsdatums beschriften.
◇ Alte Marmeladengläser mit Metalldeckel sollten nicht für Mittel auf Essigbasis verwendet werden, da sie auf Dauer oxidieren. Dafür eignen sich Plastikbehälter besser.
◇ Glasbehälter werden durch 10-minütiges Abkochen sterilisiert und dann in der Sonne oder im Ofen bei schwacher Hitze getrocknet.
◇ In der Regel eignen sich dunkle oder matte Glasbehälter besser. Haben Sie keine zur Hand, so achten Sie darauf, die fertigen Produkte möglichst dunkel zu lagern.
◇ In Behältern mit Produkten auf Sodabasis bilden sich manchmal weiße Pulverablagerungen, die das Erzeugnis jedoch nicht beeinträchtigen.
◇ Die vorgestellten Rezepte sind absichtlich möglichst einfach gehalten, was Sie nicht daran hindern soll, sie in der Folge auszubauen und zu improvisieren.
◇ Am Anfang sollten wir kleinere Mengen versuchen und testen, ob sie unseren Ansprüchen genügen. Dazu genügt es, die Mengenangaben zu halbieren.
◇ Alle Mittel und Zutaten sollten wie klassische Haushaltmittel und Arzneien außerhalb der Reichweite von Kindern aufbewahrt werden.

✦ Meine Meinung:

Ich versuche aus folgenden Gründen meine Mittel erst dann herzustellen, wenn ich sie brauche:

◊ Dies vermeidet den Zusatz von Konservierungsmitteln, auch wenn diese wie Benzoeharz oder Grapefruitkernextrakt organischer Natur sind.

◊ Weil auch hier die Übung den Meister macht.

◊ Weil eine regelmäßige Neuherstellung Lust auf Improvisation macht und die Kreativität anregt.

✦ Unsere Gewohnheiten ändern ...

Immer und überall mit alten Gewohnheiten zu brechen, scheint mir ein guter Anfang. Hier noch ein paar Tipps:

◊ Reduzieren Sie generell die verwendeten Mengen.

◊ Verwenden Sie umwelt- und gesundheitsverträgliche Mittel.

◊ Stellen Sie Ihre Produkte (auf natürliche Weise) selbst her!

◊ Lüften Sie regelmäßig Ihre Wohnräume, besonders bei der Verwendung von Haushaltsmitteln – egal ob diese nun gekauft oder selbst hergestellt sind.

Rückblick

Hier die Jahreszahlen der Erfindungen einiger Dinge des täglichen Lebens, die uns heute unverzichtbar erscheinen:

> 1791: Chlorbleiche
> 1857: Toilettenpapier
> 1880: Shampoo
> 1896: Zahnpasta in der Tube
> 1912: Babyseife
> 1921: Waschbare Damenbinden
        (aus Stoff)
> 1924: Wegwerftaschentücher
> 1929: Milchseife
> 1930: Synthetisches Reinigungsmittel
> 1932: Viskoselappen
> 1936: Sonnencreme
> 1937: Tampons
> 1938: Nylonzahnbürsten
> 1948: Geschirrspülmittel
> 1952: Synthetisches Waschmittel
        ohne Seife
> 1958: Industrielle Zahnpasta
> 1960: Wegwerfbare Damenbinden,
        Haushaltstücher

Allzweckreiniger

- Reiniger für Oberflächen und Böden
- Desinfektionsmittel
- Fensterreiniger
- Abstaubmittel
- Bohnerwachs
- Lufterfrischer und Raumparfüms

ALLZWECK-REINIGER

Putzmittel mit Schmierseife

Schmierseife,

... Wasser,

... fertig!

Reiniger für Oberflächen und Böden

Mit Putzmitteln werden Oberflächen und Böden von Bakterien gereinigt.
Obwohl sie meist mit derselben Grundmasse hergestellt werden, in der die verschiedenen Bestandteile, Konservierungsmittel usw. gelöst werden, gibt es eine ganze Palette von Reinigungsmitteln, deren glanzvolle Beschreibungen von „kraftvoll" bis zur „Megapower" reichen und die auf die verschiedensten Anwendungsbereiche wie Küche, Toilette, Bad usw. dekliniert werden. Der heutige Hygienestandard geht davon aus, dass Oberflächen zuerst gesäubert, abgewaschen und schließlich desinfiziert werden.

✳ Reinigungsmittel mit Schmierseife

In einem Glas- oder Tonbehälter werden 7 Esslöffel Schmierseife mit 1 l Wasser gemischt und in einer Flasche oder anderem Behälter aufbewahrt, um jederzeit, mit 10 Teilen Wasser verdünnt, verwendet werden zu können.

KOSTEN	
REINIGUNGSMITTEL	KOSTEN IN €/LITER
Natronpulver	0,006
Schmierseife	0,10
Olivenölseife	0,96

♦ TIPPS!

◇ Probieren Sie Lappen und Tücher aus Mikrofaser.
◇ Lüften Sie häufig, um jegliche Form von Kondensation zu vermeiden, die eine ständige Feuchtigkeitsquelle darstellt.

ALLZWECK-REINIGER

Reinigungsmittel mit Sodapulver

Kristallsoda (Natriumkarbonat),

... Wasser,

... fertig!

WAS LÄUFT FALSCH?

Putzmittel werden oft zu hoch dosiert und die Oberflächen nach der Reinigung nicht genügend mit Wasser abgewaschen.
Herkömmlichen Mitteln aus der Industrie werden vor allem die Auswirkungen auf die Umwelt, insbesondere Wasserfauna und -flora, vorgeworfen. Heute enthalten sie immer mehr Zusätze, weshalb sie immer schlechter biologisch abbaubar sind. Sie sind aber auch für eine Verschmutzung der Raumluft verantwortlich. Das gilt vor allem für die in ihnen enthaltenen synthetischen Duftstoffe und andere flüchtige Mittel.
Die jüngste Mode der feuchten Reinigungstücher erhöht die Dosis dieser Stoffe, aber auch den bereits beachtlichen Müllberg (insbesondere durch Verpackungen) der Haushalte.

❋ Reiniger mit Kristallsoda

In einem großen Glas (von Honig oder Marmelade) werden 10 g Sodapulver (Natriumkarbonat) gut mit 1 l Wasser vermischt. Dieses Mittel wird bei Gebrauch mit 10 Teilen Wasser verdünnt.

Variante: Bei der Herstellung können noch 15 Tropfen ätherisches Zitronenöl hinzugefügt werden.

❋ Reiniger mit Olivenölseife

In einen großen Behälter aus Glas oder Ton werden 30 g „echte" Savon de Marseille oder Bio-Kernseife gerieben und mit 1 l kochendem Wasser vermischt. Dem können auch noch 15 Tropfen Zitronenöl hinzugefügt werden. Nach einer Nacht festigt sich das Gemisch und kann dann verdünnt mit 10 Teilen Wasser verwendet werden.

Variante: Wird eine flüssigere Konsistenz gewünscht, so wird die Mischung abermals mit heißem Wasser verdünnt und abgekühlt.

ALLZWECK-REINIGER

Allzweckdesinfektionsmittel

Essig,

... ätherisches Zitronenöl,

... Wasser,

... fertig!

Desinfektions-mittel

Desinfektionsmittel töten Mikroorganismen (Bakterien) ab. Sie werden bei der Reinigung von Bakterienherden wie Waschbecken, Toiletten, Streukisten usw. eingesetzt.

◆ TIPP !

◇ Probieren Sie auch andere Methoden, wie z. B. mit dem Dampfreiniger.

KOSTEN	
MITTEL	KOSTEN IN €/LITER
Mit Branntweinessig	0,27
Mit Obstessig	4,77
Mit 90%igem Alkohol	6,35

✳ Universaldesinfektionsmittel

Ich verwende dieses einfache Grundrezept täglich in allen etwas schmutzigen Bereichen. Dazu werden 500 ml Branntweinessig mit 500 ml Wasser und 10 Tropfen Zitronenöl in einer Sprühflasche vermischt. Vor dem Versprühen gut schütteln.

Variante: Dieses Rezept ist auch mit 70- bzw. 90%igem Alkohol möglich, der ebenfalls zur Hälfte mit Wasser verdünnt wird.

➠ ACHTUNG !

Dieses Desinfektionsmittel ist wie alle anderen Reinigungsmittel zu verwenden, d. h. bei seinem Gebrauch sollte gelüftet werden. Alkohol- und Essigausdünstungen können in engen und geschlossenen Räumen (wie z. B. Toiletten) unangenehm sein und sogar die Schleimhäute reizen.

ALLZWECK-REINIGER

Das bekannteste Desinfektionsmittel ist sicher die Chlorbleiche, die Bakterien zu 99,9 % abtötet. Sie wird schon lange, oft aber überdosiert verwendet, was manche Bakterien resistent werden ließ und Umweltschäden nach sich zog, die Flora und Fauna, insbesondere im Wasser, in Mitleidenschaft gezogen haben. Die Bakterienjagd ist in unseren „entwickelten" Ländern schon zur regelrechten Manie geworden. Aber auch wenn wir über gute theoretische Kenntnisse verfügen, mangelt es oft an der praktischen Umsetzung. Hände werden nicht systematisch vor dem Essen und nach der Toilette gewaschen, Türklinken (besonders der Toilettentür) nicht regelmäßig desinfiziert, Schmutzwäsche nicht immer von der sauberen getrennt usw.

Andererseits ist übermäßige Hygiene, außer bei Krankheit, Genesung oder Epidemien, gar nicht so sinnvoll. So ist z. B. nachgewiesen, dass Kinder, die in zu steriler Umgebung aufwachsen, wesentlich anfälliger für Allergien sind als andere, da ihr Immunsystem nicht genug „trainiert" wurde und daher nur unzureichend ausgebildet ist.

▶▶ WISSENSWERTES

Bestimmte ätherische Öle (wie z. B. Teebaumöl) eignen sich ausgezeichnet zur Desinfektion. Für die tägliche Reinigung genügen jedoch Essig oder Alkohol. Ätherische Öle (wie Zitronenöl, Lavendel oder Lavendin) sollten also eher besonderen Fällen wie Epidemien oder therapeutischer Anwendung vorbehalten bleiben. In letzterem Fall sollte durchaus auch fachliche Beratung in Betracht gezogen werden. Denn auch wenn es sich hier um natürliche Produkte handelt, so können sie doch in falscher Dosierung Allergien, Reizungen oder Umweltschäden nach sich ziehen.

ALLZWECK-REINIGER

Die Fensterzeitung

WAS LÄUFT FALSCH?

Einige Fensterreiniger sind umwelt- oder gesundheitsschädlich; manchmal enthalten sie Phosphate, Ammoniak oder flüchtige organische Verbindungen, auch VOCs genannt, wie z. B. Glykoläther. Diese gelangen über die Atemwege oder die Haut in unseren Organismus, wo sie verschiedene Beschwerden verursachen können – von einfachen Reizungen bis zur Beeinträchtigung der Fortpflanzungsfähigkeit.

Fensterreiniger

Wie sein Name schon sagt, dient er zum Säubern von Glasoberflächen: Fenster, Spiegel oder Möbel ...

♦ TIPPS!
◊ Probieren Sie ein Mikrofasertuch mit heißem Wasser.
◊ Bei der Anwendung gut lüften.

❋ Die Fensterzeitung

Für diesen alten Hausfrauentrick genügt es, das Fenster mit feuchtem Zeitungspapier zu säubern und dann die letzten Spuren mit einem weichen, trockenen Tuch zu beseitigen.

❋ Essigfensterreiniger

Mit der Sprühflasche wird eine Mischung aus 2 Teilen Wasser und 1 Teil Branntweinessig aufs Fenster versprüht und mit einem trockenen Lappen gewischt.

❋ Fensterreinigung mit Spülmittel

Die Fenster werden mit einem Schwamm und etwas Spülmittel geputzt, dann feucht gewischt, um die letzten Spuren schließlich trocken zu beseitigen.

Fensterreinigung mit einem Mikrofasertuch

ALLZWECK-REINIGER

Reinigung mit einem Ledertuch

Abstaubmittel

Mittel, mit dem Staub entfernt wird, ohne diesen aufzuwirbeln.

❖ Hausleder

Eine alte Strumpfhose zerknüllen und an der Kleidung reiben, um sie statisch zu laden. Sie zieht Staubpartikel an und hält sie dann fest.

Variante: Auch ein Wolltuch funktioniert auf diese Weise.

♦ TIPP!
◇ Ein trockenes Mikrofasertuch ohne jegliches Mittel genügt zum Staubwischen.

WAS LÄUFT FALSCH?

Die enthaltenen Lösungsmittel (VOCs) sind gesundheitsschädlich, andere Inhaltsstoffe gefährden das Grundwasser.

ALLZWECK-REINIGER

Bohnerwachs

Bienenwachs

und Olivenöl

im Wasserbad.

Dann Terpentin und Zitronenöl …

fertig!

Bohnerwachs

Mit Bohnerwachs wird zuvor gereinigtes Holz von Möbeln oder Fußböden auf Hochglanz gebracht.

WAS LÄUFT FALSCH?

Bohnerwachs war früher ein ganz einfaches Mittel aus natürlichen Inhaltsstoffen. Im letzten Jahrhundert wurden besonders den Sprays immer öfter fragwürdige Zusätze wie Konservierungsmittel und Parfüms zugefügt, deren Umweltschädlichkeit mittlerweile erwiesen ist.

❊ Bienenbohnerwachs

5 g Bienenwachs mit 4 Esslöffeln Olivenöl im Wasserbad bei schwacher Hitze erwärmen.

Vom Feuer nehmen, wenn die Masse flüssig geworden ist.

Fenster öffnen, Handschuhe anziehen, 1 Esslöffel Terpentin und eventuell 5 Tropfen Zitronenöl mit einem Holzstäbchen einrühren. Durch das Abkühlen wird die Masse langsam wieder fest.

Variante: Für flüssige Expresspolitur genügt es, 5 Esslöffel Olivenöl mit 2 Tropfen Zitronenöl zu mischen.

KOSTEN	
MITTEL	KOSTEN IN €/LITER
Flüssige Expresspolitur	1,24
Bienenbohnerwachs	3,39

ALLZWECK-REINIGER

Die meisten Raumerfrischer werden synthetisch hergestellt und schaden der Gesundheit ebenso wie der Umwelt, besonders wenn sie Formaldehyde wie Glykoläther, Benzol, Toluol o. Ä. enthalten. Formaldehyde können Kopfweh, Asthma, Allergien oder noch ernstere Gesundheitsstörungen verursachen. Hier soll zugleich angemerkt werden, dass auch bestimmte natürliche Inhaltsstoffe zu Reizungen führen können. Das tritt vor allem dann ein, wenn ätherische Öle überdosiert werden. Manche Öle sind auch nicht zur Inhalation geeignet (siehe Seite 86). Ätherische Öle werden besser durch Duftlämpchen, Zerstäuber und Vernebler verdampft, weil manche durch direkten Kontakt mit einer Hitzequelle ihre Zusammensetzung verändern. Aus diesem Grund ist auch das Armenische Papier fragwürdig, wenn es über einen längeren Zeitraum hinweg verwendet wird.

WAS LÄUFT FALSCH?

Lufterfrischer

Antibakterielle und aromatische Verdampfung

Lufterfrischer und Raum- parfüms

Mittel, die Gerüche neutralisieren oder durch angenehmere übertönen. Sie existieren als Sticks, Sprays, Räucherstäbchen, Duftkerzen und -lampen.

◆ TIPP !

◇ Auch hier können meist die Mengen reduziert werden, besonders in kleinen, manchmal schlecht gelüfteten Räumen wie Toiletten.

KOSTEN	
MITTEL	KOSTEN
Raumparfüm	5 Tropfen ätherisches Öl Kosten 0,10 €/Monat

❋ Raumparfüm

Einen Tropfen Zitronen- oder Lavendelöl auf einen Kiesel träufeln und in ein Zimmer, einen Schrank oder ins Auto legen. Ein Tropfen etwa alle 6 Tage.

Variante: Schalen von Zitrusfrüchten, wie Orangen, Zitronen oder Klementinen, auf Heizkörpern zu trocknen, verbreitet ebenfalls einen angenehmen Geruch.

❋ Antibakterielle und aromatische Verdampfung

Zu Winterbeginn verbreitet eine aromatische Verdampfung nicht nur einen angenehmen Duft, sondern tötet auch Mikroben ab.
Dazu werden eine Handvoll Eukalyptusblätter oder andere aromatische Pflanzen, wie Rosmarin, Thymian oder Pfefferminze, ¼ Std. köcheln gelassen. Der Dampf verbreitet sich im ganzen (geschlossenen) Haus.

➡ IDEEN ZUR GERUCHS- NEUTRALISIERUNG IN DER KÜCHE!

◇ Im Kühlschrank: 1 Esslöffel Tonerde in einem Schlüsselchen in den Kühlschrank stellen. Beschriften, um jegliche Verwechslung auszuschließen. Statt Tonerde können auch Back- oder Kohlepulver verwendet werden.
◇ Im Mülleimer: Einen Stein mit 1 Tropfen Lavendel- oder Zitronenöl unter den Müllsack legen.

In der Küche

- Spülmittel
- Der Schwamm

IN DER KÜCHE

Geschirrseife

Auch Geschirrspülmittel wird fast immer überdosiert. Das geht auf den häufigen Trugschluss zurück, dass viel Schaum mit großer Sauberkeit gleichzusetzen ist. Unsere „heilige Hygiene" ist jedoch eine relativ junge Entwicklung in der Menschheitsgeschichte. Manche geben sogar Chlorbleiche ins Spülwasser und verwenden dennoch denselben Schwamm zum Säubern von Geschirr und Arbeitsflächen und dasselbe Geschirrtuch zum Abtrocknen von Geschirr und Händen. Viele Spülmittel sind umweltschädlich und enthalten chemische Tenside oder Parabene als Konservierungsmittel, weshalb häufiger Hautkontakt bedenklich ist. Dazu kommt, dass eine meist undurchsichtige Liste von Inhaltsstoffen eine eindeutige Zuordnung erschwert.

WAS LÄUFT FALSCH?

Expressspülmittel mit Essig

Spülmittel

Fettlösliches Mittel zum Reinigen von Geschirr und Besteck. Es enthält Tenside und die verschiedensten Zusätze für Schaum, Farbe, Parfüm, Konservierung usw.

♦ TIPPS!

◇ Spülmittel kann „ökodosiert" werden, indem es mit einem Drittel oder gar zur Hälfte mit Wasser verdünnt wird.

◇ Durch geschickte Organisation kann viel Wasser gespart werden. Ein Becken dient dem Abwaschen, ein zweites dem Klarspülen. Vorheriges Einweichen erleichtert das Entfernen hartnäckiger Reste.

◇ Oft genügt Abspülen mit kaltem Wasser.

◇ Bei Angst vor Bakterien sollte dem Spülwasser lieber Essig als Chlorbleiche zugefügt werden.

◇ Durch das Abtrocknen mit einem nur dem Geschirr vorbehaltenen Tuch werden letzte Spuren von Spülmittel beseitigt, die für so manche Darmverstimmung verantwortlich sein sollen.

◇ Gummihandschuhe schützen die Hände vor Trockenheit und Allergien, die durch Spülmittel verursacht werden können.

◇ Ein Schwamm sollte allein der Geschirrwäsche vorbehalten sein.

◇ Ein Seifenschaumspender verringert den Verbrauch.

❈ Geschirrseife

Eine einfache, mit einem Schwamm aufgeschäumte Bioseife genügt. Waschen, spülen, abtrocknen, fertig.

❈ Expressspülmittel mit Essig

Dem heißen Spülwasser im Becken wird ein Glas Branntweinessig hinzugefügt. Wie mit herkömmlichem Spülmittel waschen, spülen, abtrocknen, fertig.

Variante: Dem Spülwasser können statt Essig auch der Saft einer Zitrone oder 10 g (3 Esslöffel) Sodapulver zugefügt werden.

➡ WAS TUN OHNE SPÜLMITTEL?

Jeder Pfadfinder weiß, wie man Geschirr im Fluss mit Sand, Asche oder Kaffeesatz wäscht.

IN DER KÜCHE

Seifenwasser von früher

Geriebene Savon de Marseille und Zitronenöl mit kochendem ...

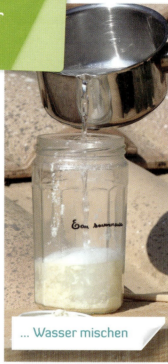

... Wasser mischen

... fertig!

Abflussreinigung mit Kaffeesatz

✳ Wiederentdeckt: Schaumloses Seifenwasser

In einem großen Glas werden 30 g „echte" Marseiller Olivenölseife und 10 Tropfen Zitronenöl mit 1 l kochendem Wasser vermischt und über Nacht stehen gelassen. Am nächsten Tag ist das Gemisch eingedickt und kann pur oder mit kochendem Wasser verdünnt verwendet werden.

Übrige Seifenlauge kann in einem beschrifteten Glas im Kühlschrank aufbewahrt werden. Das Zitronenöl wirkt unter anderem als Konservierungsmittel.

Variante: Statt der Marseiller Seife kann auch Aleppoeseife oder Bio-Kernseife verwendet werden.

➡ SOS – ABFLUSS VERSTOPFT!

Ist ein Abfluss erst einmal verstopft, muss in der Regel mit schweren Geschützen wie Chlorlauge und Kristallsoda aufgewartet werden, bis das Wasser wieder abläuft. Deshalb sollten Abflussrohre vorbeugend regelmäßig gesäubert werden.

◇ Dazu wird immer wieder einmal Kaffeesatz ins Waschbecken geleert und mit viel heißem Wasser nachgespült. So werden Abflussrohre und Siphon von fettigen Rückständen befreit.
◇ Den Siphon regelmäßig öffnen und reinigen.
◇ Den Abfluss durch ein Abflusssieb schützen.
◇ Bei einem verstopften Abfluss wird zunächst der Siphon abmontiert und gereinigt, dann wird mit der Saugglocke gepumpt. Erst zuletzt mit Chemikalien arbeiten.

KOSTEN	
SPÜLMITTEL	KOSTEN
Seifenwasser von früher	0,76 €/l, also ungefähr 0,006 €/Geschirrspülen
Sodapulver	0,66 €/l, also ungefähr 0,007 €/Geschirrspülen
Geschirrseife	0,70 €/100 g, also ungefähr 0,012 €/Geschirrspülen
Branntweinessig	0,35 €/l, also ungefähr 0,05 €/Geschirrspülen
Zitrone	0,15 €/l, also ungefähr 0,15 €/Geschirrspülen

IN DER KÜCHE

Wir verbrauchen eine ungeheure Menge synthetischer Schwämme — in Frankreich sind es jährlich 74 Millionen Stück. Die ökologischen Auswirkungen sind auch hier bedenklich.

- Heute finden sich hauptsächlich industrielle Synthetikschwämme im Handel. Sie werden aus Erdöl, Kunstharzschaum und diversen Chemikalien hergestellt, die ihnen Farbe und Konsistenz verleihen. Sie sind nicht biologisch abbaubar und enthalten wasserfesten Klebstoff, wenn sie über eine Scheuerseite verfügen, der die Umwelt noch mehr belastet.
- Pflanzliche Synthetikschwämme werden aus Baumwolle und Viskose (Holzmasse) hergestellt. Die Grundmasse wird mit Salzen aufgeschäumt und manchmal antibakteriell behandelt. Sie sind biologisch abbaubar und sogar kompostierbar, wenn sie ohne schädliche Zusätze erzeugt wurden und nicht mit schädlichen oder nichtabbaubaren Mitteln verwendet wurden.

WAS LÄUFT FALSCH?

Der Schwamm

Natürliche Schwämme tierischen Ursprungs werden der Reinigung empfindlicher Haut vorbehalten und werden eigentlich nicht im Haushalt verwendet. Genau genommen handelt es sich um das Skelett von Hornkieselschwämmen warmer und gemäßigter Gewässer, unter anderem des Mittelmeers. Obwohl sie seit der Antike gesammelt werden, sind sie bis heute nicht vom Aussterben bedroht.
Viskoseschwämme wurden 1932 erfunden. In den 1960er-Jahren wurden sie modernisiert und mit einer Scheuerseite versehen.

◆ TIPPS!

◇ Topfkratzer und Schwämme sollten getrennt und nicht als kombinierte Scheuerschwämme gekauft werden, was ihre Lebensdauer verlängert.

◇ Versuchen Sie ökologische Zelluloseschwämme aus nachhaltiger Forstwirtschaft (FSC).

➡ WISSENSWERT

Untersuchungen haben gezeigt, dass Kombischeuerschwämme nur halb so lange halten wie einfache Schwämme.

✳ Recyclingschwamm

Sie können einfach aus Fetzen alter Fleecejacken gewonnen werden.

✳ Gartenschwamm (Luffa)

Luffa-Schwämme gehören zu den Kürbisgewächsen. Das faserige Innere der gurkenähnlichen Frucht wird als Massage- und Badeschwamm in verschiedenen Ausführungen verwendet, aber auch zu Küchenschrubbern und Reinigungsschwämmen verarbeitet. Sie sind ohne Weiteres im Handel erhältlich. Noch verlockender ist es, sie selbst anzubauen.
Samen sind bei manchen Biobauern oder im Internet auch unter der Bezeichnung Schwammkürbis oder Schwammgurke erhältlich. Je drei Samen werden im Mai in gut gedüngte Erde im Gemüsegarten gepflanzt. Der Anbau ist ähnlich wie bei Gurken, nur dass sie noch etwas wärmebedürftiger sind. Um aus den reifen Luffa-Gurken Schwämme herzustellen, werden die Früchte in Wasser gekocht. Das Fruchtfleisch lässt sich anschließend leicht auswaschen und von der Schale lösen. Übrig bleibt der Luffa-Schwamm. Werden die Gurken getrocknet und durch erneutes Einweichen vom Fruchtfleisch getrennt, können auch die Samen für die nächste Saison wieder verwendet werden. Der Schwamm wird in große Stücke geschnitten und nach jedem Gebrauch gut ausgewaschen und getrocknet.

Im Bad

- Seife
- Shampoo
- Zahnpasta
- Deodorant
- Andere Kosmetika
- Für die Kleinen

Flüssige Olivenölseife

Olivenölseife,

... ätherisches Öl,

... kochendes Wasser,

... fertig!

Recyclingseife

Geriebene Seife,

... Olivenöl und ätherisches Öl,

... Milchpulver und kochendes Wasser,

... ein leerer Joghurtbecher

... fertig!

Seife

Seife ist ein Reinigungsmittel, das in fester oder flüssiger Form erhältlich ist. Sie wird aus Fetten, Soda oder Pottasche und sehr unterschiedlichen Zusätzen hergestellt. Die enthaltenen Tenside lösen Fette. Die ersten Seifen wurden vor 3000 Jahren im heutigen Syrien hergestellt.

◆ TIPPS!

◇ Seife kann mit ⅓ Wasser verdünnt werden.
◇ Lieber harte als flüssige Seife verwenden.
◇ Täglichen Gebrauch vor allem bei Babys unter 2 Jahren vermeiden. Versuchen Sie Wasser oder Blütenwasser.
◇ Das Gesicht sollte nicht mit Seife gereinigt werden.
◇ Nicht exzessiv waschen.
◇ Nach Wäsche mit Seife die Haut gut abspülen und mit Blütenwasser oder Creme wieder mit Feuchtigkeit versorgen.

WAS LÄUFT FALSCH?

Da die Haut semipermeabel (teilweise durchlässig) ist, findet über sie ein ständiger Austausch des Körpers mit der Außenwelt statt. Deshalb ist die Wahl der Mittel, mit der sie täglich in Kontakt kommt, durchaus von Bedeutung. Seit den 1970er-Jahren hat die flüssige der festen Seife den Rang abgelaufen. Doch enthalten Flüssigseifen Stoffe, deren Schädlichkeit für Gesundheit und Umwelt in jüngsten Studien nachgewiesen wurde (siehe Glossar).

❋ Flüssige Olivenölseife

30 g geriebene „echte" Marseiller Olivenölseife mit 5 Tropfen Lavendelöl und 1 l kochendem Wasser mischen. Eine Nacht ruhen lassen und dann in einen Seifenspender abfüllen. Bei Bedarf kann die Mischung auch noch weiter mit kochendem Wasser verdünnt werden. Mischen und abkühlen lassen.

Variante: Für dieses Rezept können auch Alepposeife, Bio-Kernseife oder Reste milder Seife verwendet werden. In der Regel funktioniert dieses Rezept mit jeder festen Seife. Einfach reiben und mit 1 l kochendem Wasser mischen. Nach etwa 24 Stunden kann dieses selbstgemachte Duschgel verwendet werden.

❋ Recyclingseife im Stück

30 g Seifenreste (z. B. milde oder Alepposeife) zerkleinern und mit 1 Esslöffel Olivenöl, 2 Esslöffeln Milchpulver (fakultativ), 5 Tropfen Lavendelöl und 30 ml kochendem Wasser mischen. Etwa 5 Minuten umrühren, bis das Gemisch homogen ist, und in Formen (z. B. Joghurtbecher) gießen. Am nächsten Tag aus der Form stürzen und mindestens zwei Monate trocknen lassen.

Variante: Bei den Zusätzen sind unserer Fantasie keine Grenzen gesetzt: Kokosraspeln, Blütenwasser, Honig, Hafer, Gewürze u. v. a.

IM BAD

Witzige Kinderseife

Seifenreste,

... eine alte Strumpfhose,

... fertig!

❋ Witzige Kinderseife

Seifenreste in einem alten (gewaschenen) Strumpf-hosenfuß verknoten. Dieser Waschsocken kann außerdem noch mit Zimt, Fenchelpulver usw. „ge-würzt" werden.

KOSTEN	
SEIFE	KOSTEN IN € PRO 100 G
Flüssige Olivenölseife	0,05
Recyclingseife	Gratis mit Seifenresten 0,42 € mit geriebener Seife

➠ ERFAHRUNGSSPIELE

› SEIFENKRAUT

Seifenkraut enthält Saponine, die in Wasser schäu-men und aufgrund enthaltener pflanzlicher Tenside eine reinigende Wirkung haben.

› WILDSEIFE

Findet man beim Wandern an einem Ufer Seifen-kraut, genügt es, die Blüten mit den nassen Händen zu zerreiben, um mit ihrem Schaum die Hände zu waschen.

› BLÜTENSPÜLMITTEL

20 g Seifenkraut (Blüten und Blätter) 10 Minuten in 250 ml Wasser kochen. In eine Flasche sieben und in den nächsten 48 Stunden als Spülmittel verwenden.

› UROMAS WASCHMITTEL

100 g gewürfelte Seifenkrautwurzeln 5 Minuten in 1 l kalkarmen Wasser kochen. Filtern und in eine Flasche abfüllen. Ausgezeichnetes Waschmittel für Wolle und empfindliche Farben, aber nicht für wei-ße Stoffe geeignet, da es leicht gilbt. Hält 3 Tage im Kühlschrank.

Shampoo

Mit Shampoo werden Haare und Kopfhaut von Haartalg, Schmutz oder Frisurmitteln gereinigt. Haarwaschmittel sind die meist verkauften Kosmetikartikel. Sie enthalten 70 % Wasser, etwa 15 % Tenside, Verdickungsmittel, Stoffe zum Reinigen, Frisieren und Schäumen sowie viele weitere Zusätze. Der Unterschied zwischen Shampoos für normales und fettiges Haar liegt in der Menge der enthaltenen Tenside. Duschgel und Haarwaschmittel haben fast dieselben Inhaltsstoffe.

♦ TIPPS!

◊ Zur „Ökodosierung" kann Shampoo mit ⅓ oder mehr Wasser verdünnt werden.
◊ Haare nicht öfter als ein oder zwei Mal wöchentlich waschen und danach gut spülen.
◊ Versuchen Sie die Haare mit Seife zu waschen – außer sie sind trocken und spröde.
◊ Haare sollten nach Möglichkeit nicht immer mit dem Föhn getrocknet werden.

WAS LÄUFT FALSCH?

Übermäßiger Gebrauch von Shampoo kann die gewünschte Wirkung umkehren und das Haar strapazieren, spröde und trocken oder aber fettig werden lassen. Außerdem enthalten Haarwaschmittel gesundheitsschädliche Stoffe wie SLS (Natriumlaurylsulfat), SLES (Natriumlauryläthersulfat) oder ALS (Ammoniumlaurylsulfat), die zwar natürlichen Ursprungs sind (Kopra), dennoch aber billig hergestellte, harte, irritierende Tenside enthalten. Sogenannte Quats und Silikone, die als Filmbildner zur leichteren Kämmbarkeit der Haare eingesetzt werden, reizen nicht nur die Kopfhaut, sondern sind biologisch auch nicht abbaubar. Wenn einige Produkte mittlerweile auch vom Markt genommen wurden (wie z. B. Steinkohlenteer gegen Schuppen), bestehen doch Zweifel über einige, die immer noch im Handel erhältlich sind.

Seit Neuestem werden herkömmliche Mittel auch mit Begriffen wie „mild" und „natürlich" geschmückt, doch entdecken wir bei genauerem Hinsehen oft, dass sich hinter dem marketinggesteuerten Schönreden nur ein minimaler Bestandteil natürlicher Zusätze verbirgt, der oft unter 0,1 % liegt. An dieser Stelle sei überdies darauf hingewiesen, dass einige Hersteller von „Naturkosmetik" noch immer nicht auf zweifelhafte klassische Inhaltsstoffe wie synthetische Konservierungsmittel, Emulgatoren vom Typ PEG usw. verzichten, weil in dieser Hinsicht noch strikte Regeln fehlen.

IM BAD

Shampoo im Stück

Kamillen-Waschlotion

Kamille,

Eier-shampoo

... kochendes Wasser,

... Zitronensaft,

... Olivenölseife,

... fertig!

✱ Shampoo im Stück (für normales und fettiges Haar)

Es mag vielleicht überraschend klingen, aber man kann Haare durchaus auch mit milder natürlicher Seife, wie z. B. Alepposeife, waschen.

✱ Eiershampoo (für jeden Haartyp)

Je nach Haarlänge das Gelbe von ein oder zwei frischen Eiern mit 2 Teelöffeln reinem Alkohol (z. B. Rum) und 2 Teelöffeln Branntwein- oder Apfelessig mischen. Das Ganze wie ein Omelette verrühren und in die Haare einmassieren. Nach etwa 5 Minuten spülen.

Variante: Beim selben Rezept mit einem ganzen Ei darf nur kalt oder lauwarm gespült werden, da das Eiweiß bei heißem Wasser gerinnen würde.

KOSTEN	
SHAMPOO	KOSTEN IN € PRO HAARWÄSCHE
Shampoo im Stück	0,05
Kamillenlotion	0,07
Eiershampoo	0,44

✱ Kamillenspülung (für helles, normales bis fettiges Haar)

Mischung für mehrere Anwendungen: Ein Häuflein Römische Kamille mit 250 ml kochendem Wasser aufgießen und 10 Minuten ziehen lassen. Nach dem Sieben den Saft von $\frac{1}{3}$ Zitrone hinzufügen. Danach mit 20 g geriebener Naturseife (Aleppo oder andere) mischen und einige Minuten auf kleiner Stufe auf dem Herd umrühren, bis die Flüssigkeit gut durchmischt ist.

➡ SPÜLUNG VON FRÜHER

Nach dem Haarewaschen können Haarwasser (z. B. mit Rosmarin) oder Pflegespülungen aufgetragen werden, die leicht zuzubereiten sind.

◇ Zwei Teelöffel Apfelessig in 750 ml Wasser verdünnen. Der Essiggeruch verschwindet nach dem Trocknen.

◇ Haarwasser: 30 g Blüten (Lavendel oder andere) mit 250 ml kochendem Wasser aufgießen und 10 Minuten ziehen lassen. Vor der Anwendung sieben.

IM BAD

Zahnpasta mit Tonerde-Pulver

Feines weißes Tonerde-Pulver,

... Natronpulver,

... eine Prise Salz,

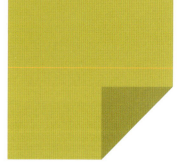

... Fenchelpulver, fertig!

Zahnpasta

Zum Zähneputzen wird in der Regel eine aromatisierte, feinst scheuernde Paste verwendet, um Zahnbelag zu entfernen.

Seit Urzeiten verwenden Menschen dazu Wurzeln, Pulver, Tees oder Kaupasten. Die ersten Zahnpasten wurden Anfang des 20. Jahrhunderts in den Handel gebracht, während es Zahnbürsten schon seit dem 17. Jahrhundert gibt. Seither gehört das Zähneputzen zur Alltagshygiene und wird in den verschiedensten Variationen vermarktet, wobei dem spielerischen und ästhetischen Faktor oft mehr Bedeutung beigemessen wird als dem elementaren Grund. Natürlich dient Zahnpflege in erster Linie der Vorbeugung von Karies und Zahnfleischerkrankungen. Doch kann keine Zahnpasta den Missbrauch von Industriezucker, süßen Säften und Getränken wettmachen.

♦ TIPPS!

◊ Auch Zahnpasta kann „ökodosiert" werden. In der Regel genügt ein Viertel (oder noch weniger) der vorgegebenen Menge.

◊ Den Mund nach dem Putzen gründlich spülen.

◊ Mundspülungen sollten spezifischer Mundpflege (wie z. B. Aphten) vorbehalten sein und nicht systematisch verwendet werden, da sie auf Dauer die natürliche Mundflora verändern.

❊ Minimalistische Zahnpasta

Etwas gemahlenes Pflanzenpulver (z. B. Iris, Fenchel, Thymian, Oregano, Minze) auf die nasse Zahnbürste geben und Zähne putzen. Danach gründlich spülen.

Variante: Es können auch etwas Seife, eine Prise Natron, Kohlepulver oder etwas Zitronensaft verwendet werden.

➡ ACHTUNG!

Obwohl Tonerde, Zitrone und Natron natürlicher Herkunft sind, kann ihre häufige Anwendung doch den Zahnschmelz in Mitleidenschaft ziehen, weshalb sie am besten abwechselnd zur Anwendung kommen sollten.

❊ Zahnpulver mit weißer Tonerde

In einem dichten Behälter 20 g extrafeines weißes Tonerde-Pulver mit 5 g feinem Meersalz, 20 g Natron (Natriumhydrogenkarbonat) trocken mischen. Vor dem Zähneputzen etwas Pulver auf die nasse Zahnbürste streuen. Die Mischung hält mehrere Monate.

Variante: Es eignen sich auch andere Aromen als Fenchel, wie z. B. gemahlene Minze oder indische Gewürze, für diese Zubereitung. Mit etwas Wasser abgemischt, wird sie zur Zahnpasta.

IM BAD

Inhaltsstoffe
100 % natürlicher
Zahnpasta

Kartoffelstärke
und grüne Tonerde,

... Wasser, Salz und
Fenchelpulver,
fertig!

Zahnpasta mit
grüner Tonerde

❋ Zahnpasta mit grüner Tonerde

Einen halben Teelöffel extrafeine grüne Tonerde in einer Tasse mit 4 Esslöffeln Kartoffelstärke, 1 Prise Salz und 1 Teelöffel Pflanzenpulver (z. B. Fenchel) mischen. Dann mit einem Holzlöffel mit ein wenig Wasser zu einer homogenen Paste mischen, die etwa 2 Wochen haltbar ist.

Variante: Die Mischung kann trocken länger aufbewahrt werden und erst vor Gebrauch mit Wasser gemischt oder trocken auf die feuchte Zahnbürste gestreut werden.

KOSTEN	
ZAHNPASTA	KOSTEN PRO ANWENDUNG IN €
Zahnpasta mit weißer Tonerde	0,002
Minimalistische Iriszahnpasta	0,02
Zahnpasta mit grüner Tonerde	0,02

WAS LÄUFT FALSCH?

Während manche behaupten, dass eigentlich nur die Bürste die Zähne wirklich putzt, meinen andere, allein die Zahnpasta reinigt, beugt Karies vor und garantiert strahlende Zähne. Zahnpasta enthält heute meist Kreide, Marmor- oder Bimssteinstaub, gemahlene Aprikosen- oder Mandelkerne usw. Aktive Weißmacher, wie z. B. auf Zahnstrips, können Zahnschmelz und Zahnfleisch angreifen. Das enthaltene Fluor verändert wiederum die Mund- und Speichelflora, deren Mikroorganismen für das Gleichgewicht im Mundraum zuständig sind. Einige Inhaltsstoffe stehen unter Verdacht, Reizungen, Allergien oder gar langwierige Vergiftungen zu verursachen: dazu gehören u. a. Parabene, Triclosan und Chlorhexidin.
Wir sollten nie vergessen, dass die Mundschleimhäute doppelt so absorptionsfähig sind wie unsere Haut.

Deodorant

Ein Deodorant besteht aus Antitranspirantien, Duftstoffen oder beidem. Es bekämpft Bakterien, die für die Geruchsbildung durch den Abbau von Schweiß verantwortlich sind, und überdeckt Gerüche. Das hat Auswirkungen auf die natürliche Flora der Haut.

Antitranspirantien beeinflussen die Schweißdrüsenaktivität und stehen unter Verdacht, Entzündungen, Allergien, Ekzeme und Schlimmeres zu verursachen.

➡ WISSENSWERT

Deospray besteht zu 90 % aus Treibgasen und enthält nur 10 % aktive Inhaltsstoffe.

KOSTEN	
DEODORANT	KOSTEN IN € PRO 150 ML
Alkoholisches Deo	0,76
Duftlotion	1,56

Jeder Mensch verfügt über etwa 2 Millionen Schweißdrüsen. Schweiß hat eine lebenswichtige Funktion, da sich der Körper über ihn entgiftet.
Die Körperbehaarung erleichtert die Verdunstung des Schweißes und wirkt Reizungen durch Reibung entgegen. Zersetzt sich Schweiß, entstehen Gerüche, die im Westen, nicht aber in der ganzen Welt, als unangenehm empfunden werden. Ein Deodorant soll diese Geruchsbildung verhindern oder überlagern.

♦ TIPPS!

◇ Lieber auf gute Hygiene achten, anstatt übermäßig Deodorants einzusetzen.
◇ Unterwäsche regelmäßig wechseln.
◇ Kleidung aus (wenn möglich unbehandelter) Baumwolle oder anderen nicht-allergenen Naturfasern bevorzugen, die die Haut atmen lassen.

✳ Deo... odorant

Oft genügt ein Spritzer gekauftes Blütenwasser (z. B. Orangenblütenwasser). Duftwasser ist aber auch im Nu selbst hergestellt.
In einer 100-ml-Sprühflasche $\frac{1}{3}$ 90%igen Alkohol mit $\frac{2}{3}$ Wasser und 10 Tropfen Lavendelöl mischen. Vor Gebrauch schütteln. Nicht unmittelbar nach dem Rasieren oder Enthaaren aufsprühen. Das könnte brennen.

Variante: Für etwas Geruchsillusion kann diese Mischung auch auf die Kleidung statt auf die Haut gesprüht werden. Aber Achtung auf Flecken. Der Alkoholanteil kann aber auch auf einen 10%igen Anteil und 10 Tropfen ätherisches Öl gesenkt werden.

Duftlotion

Lavendelöl,

... Olivenöl vermischt mit Kalkwasser,

... fertig!

❋ Duftlotion für den Sommer

Ein halbes Glas kaltgepresstes Bioolivenöl mit einem halben Glas Kalkwasser und 20 Tropfen Lavendelöl mischen. Um den direkten Kontakt des Kalkwassers mit der Haut zu vermeiden, sollten hierbei Handschuhe getragen werden. Vor Gebrauch gut schütteln. Nach dem Mischen besteht keine Irritationsgefahr mehr. Diese Lotion ist bei Zimmertemperatur mehrere Monate haltbar und hat eine ziemlich ölige Konsistenz.

– WAS LÄUFT FALSCH? –

Die Konservierungsstoffe in Deos (z. B. Parabene) sollen sich im Körper anreichern und unsere Zellstruktur verändern.

Die in den Antitranspirantien enthaltenen Aluminiumsalze schließen die Schweißdrüsen. Sie stehen unter Verdacht, Brustkrebs zu verursachen, was allerdings noch nicht erwiesen ist.

Calendula-Reinigungsmilch (vor dem Filtern)

Schutzcreme

Bienenhonig ...

... im Wasserbad schmelzen und mit Olivenöl mischen,

... fertig!

Andere Kosmetika

Kosmetika werden in den verschiedensten Bereichen der Körperpflege eingesetzt. Da es sich hier nicht um Arzneimittel handelt, sollten sie im Prinzip nicht unter die Oberhaut eindringen.

♦ TIPP!

◇ Lieber Qualität als Quantität kaufen: teurere hochqualitative Produkte lassen sich meist sehr sparsam verwenden ...

WAS LÄUFT FALSCH?

In den meisten klassischen Kosmetikartikeln unserer Regale stecken oft zweifelhafte Inhaltsstoffe. In der letzten Zeit sind beruhigende Hinweise wie „ohne Parabene" in Mode gekommen, was jedoch nicht heißt, dass deshalb nicht noch eine Reihe weiterer bedenklicher Stoffe enthalten sind, auch wenn es natürlich begrüßenswert ist, wenn zumindest die Schlimmsten eliminiert werden. Hilfe zum Entziffern der Details der Inhaltsstoffe finden Sie im Anhang.

❋ Calendula-Reinigungsmilch

(Ungespritzte) Ringelblumen sind leicht zu finden oder selbst im Garten anzubauen.

Ein verschraubbares Glas wird mit (trockenen oder frischen) Blütenblättern bis oben angefüllt und dann mit gutem Biopflanzenöl (Sonnenblumen, Oliven, Aprikosenkern usw.) vervollständigt. Die Präparation wird mindestens 2 Wochen in der Sonne stehen gelassen und dann gefiltert. Das nunmehr wunderbar orange leuchtende Öl kann mehrere Monate lichtgeschützt aufbewahrt werden.

Variante: Zum Abschminken genügt auch ein beliebiges Biopflanzenöl, z. B. kaltgepresstes Olivenöl.

❋ Schutzcreme

Hier das Rezept einer ganz einfachen Creme, die die Haut nährt und zugleich schützt.

In einem matten Glasbehälter 5 g unbehandeltes Bienenwachs mit 5 Esslöffeln kaltgepresstem Olivenöl vorsichtig im Wasserbad erhitzen. Vom Feuer nehmen, wenn das Wachs geschmolzen ist, abkühlen und fest werden lassen.

Variante: Es können auch andere Pflanzenöle von guter Qualität (wie z. B. Sonnenblume, Mandel, Haselnuss, Borretsch oder Nachtkerze) oder aber auch Mazerationen wie das oben beschriebene Calendulaöl verwendet werden. Man kann auch Zutaten wie Schibutter, Aloe, Blütenwasser oder ätherisches Öl zufügen.

Belebende Rosenlotion

Siedendes Wasser über Rosenblüten gießen,

... filtern,

... fertig!

Tonerde Gesichtsmaske

Tonerde und Wasser:

Fertig ist die Gesichtsmaske!

Hausgemachte Reinigungspads

❋ Tonerde Gesichtsmaske

Einen halben Esslöffel weiße oder grüne Tonerde mit etwas Wasser mischen und 10 Minuten stehen lassen, bis die Mischung eine Creme bildet. Aufs Gesicht auftragen und 5 Minuten trocknen lassen. Abspülen, bevor es zu spannen beginnt. Eine solche Schönheitsmaske kann wöchentlich aufgetragen werden.

➡ STOFFRECYCLING

Kleine Stücke aus weichem Stoff (Baumwolle, Flanell, Vlies usw.) können durchaus auch zum Abschminken oder Auftragen von Kosmetika verwendet werden. Nach Gebrauch einfach waschen und trocknen.

❋ Belebende Rosenlotion

Es handelt sich hier eigentlich um einen ganz einfachen Rosentee für Gesicht und Körper, Damen, Herren und Babys.
250 ml weiches Wasser zum Sieden bringen und vom Herd nehmen. Eine Handvoll unbehandelte Rosenblüten in ein Glas geben und mit heißem Wasser übergießen. Nach 15 Minuten sieben. Kalt als Spray verwenden. Diese Lotion hält 3 Tage im Kühlschrank.

Variante: Es können auch andere Blüten, wie z. B. Lavendel, Melisse, Minze, oder unbehandelte Schalen von Zitrusfrüchten (frisch oder getrocknet) verwendet werden. Im Sommer sind sie im Zerstäuber sehr erfrischende Sprays.

KOSTEN	
MITTEL	KOSTEN IN €
Reinigungsmilch (250 ml)	1,63
Schutzcreme (50 ml)	1,15
Rosenlotion	Gratis mit Rosen aus dem Garten

Pflegeöl

Kalkwasser,

... Olivenöl,

... gut schütteln,

... fertig!

Für die Kleinen

Babyhaut braucht etwa ein Jahr, um sich auf die diversen Einflüsse der Außenwelt einstellen und schützen zu können. Sie ist weich, empfindlich und durchlässig und hat in den ersten sechs Wochen einen neutralen pH-Wert, verfügt also noch nicht über den natürlichen Säurefilm, der uns später schützt. Babyhaut ist außerdem noch nicht in der Lage, Melanin zum Schutz gegen Sonneneinstrahlung zu produzieren.

◆ TIPPS!

◇ Entgegen einer weit verbreiteten Meinung genügt es, Babys mit Wasser und einem Waschlappen, der nur diesem Gebrauch vorbehalten ist, zu waschen. Zum Abtrocknen wird nicht gerieben, sondern getupft.

◇ Übermäßige Reinigung lässt die Haut trocken werden und kann zu Reizungen führen.

◇ Öl oder hochwertige Schutzcreme nur auf die trockenen Körperteile (Gesäß) oder zum Kälteschutz im Winter auf Gesicht und Ohren auftragen.

◇ Spaziergänge für Frischluft ja, aber direkte Sonne vermeiden. Keine Sonnencreme, sondern Kleidung oder Schirm!

✳ Universalpflegeöl

Diese flüssige Mischung aus Öl und Kalkwasser dient der Hautpflege. Sie reinigt, nährt und schützt zugleich empfindliche Haut und eignet sich daher auch sehr gut zur Behandlung von Ausschlag unter Babywindeln oder aber zum Einreiben des Milchschorfs an Kopf oder anderen trockenen Zonen der Babyhaut.

Ein halbes Glas kaltgepresstes Bioolivenöl mit einem halben Glas Kalkwasser mischen. Um den direkten Kontakt des Kalkwassers mit der Haut zu vermeiden, sollten hierbei Handschuhe getragen werden. Nach dem Mischen besteht keine Irritationsgefahr mehr. Danach kann das Öl in einen Seifenspender abgefüllt werden und wird am besten mit unbehandelten Biowattepads als Universalhautpflegeöl verwendet. Vor Gebrauch gut schütteln. Diese Lotion ist bei Zimmertemperatur einen Monat und kühl gelagert bis zu sechs Monate haltbar.

Variante: Mütter verwenden dieses Öl gern selbst zum Abschminken.

IM BAD

Lavendel-sonnenwasser

Lavendelblüten

... in Wasser

... in der Sonne mazerieren lassen,

... filtern, fertig!

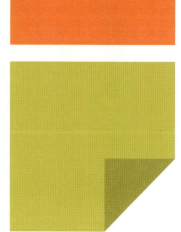

❋ Lavendelsonnenwasser

Für die Körperpflege sind Bioblütenwasser aus dem Handel oder selbstgemachte „Sonnenwasser" behutsamer als Seife.

Dazu werden in einem sterilisierten Glas eine Handvoll unbehandelte Lavendelblüten mit 1 l weichem Wasser gemischt und einen halben Tag in der Sonne stehen gelassen. Nach dem Filtern hält sich die Mischung 2 Tage im Kühlschrank. Vor Gebrauch temperieren.

Variante: Dieses Rezept ist auch mit unbehandelten Rosenblüten oder (getrockneten oder frischen) Schalen von Bioorangen möglich.

▶▶ APROPOS BAUMWOLLE

Baumwolle ist eine recht empfindliche Pflanze, weshalb sie in einer Saison bis zu 40 Mal mit Insektiziden behandelt wird. Auch die Kleidung wird behandelt, damit sie Staub abweist oder um zu verhindern, dass sie einläuft usw.

In der Textilindustrie sollen 8000 verschiedene Produkte verwendet werden, von denen einige für Allergien und Pilzkrankungen verantwortlich sind. Deshalb ist es ratsam, für die Hautpflege Wattepads aus unbehandelter Baumwolle und für allergische Kleinkinder waschbare Windeln aus biologischer Baumwolle zu verwenden. Neue Kleidung sollte vor dem ersten Gebrauch mehrmals gewaschen werden.

KOSTEN	
MITTEL	KOSTEN IN €
Universalpflegeöl (250 ml)	2,88
Lavendelsonnenwasser (250 ml)	Gratis mit Blüten aus dem Garten

In der Toilette

Toilettenmittel

IN DER TOILETTE

Toilettenreinigungsmittel

Geriebene Seife,

... Zitronenöl,

... kochendes Wasser,

... fertig!

Toilettenmittel

Klopapier wurde noch am Ende des 19. Jahrhunderts als Luxusartikel und Spinnerei der Reichen angesehen. Zuvor verwendete man Blätter aus der Natur (Nostalgiker und Wanderer: Achtung auf Giftpflanzen!). Dann kam die Zeit des „Häuschens" und Zeitungspapiers. Erst in den 1950er-Jahren setzte sich das Toilettenpapier in der heutigen Form durch.

✳ Toilettenreinigungsmittel

In einem Glas 30 g geriebene Seife mit 30 Tropfen Zitronenöl und 1 l kochendem Wasser vermischen und gut schütteln. Eine Nacht ruhen lassen, bis die Mischung fest wird. Ist sie nicht flüssig genug, kann sie weiter verdünnt werden, bis sie die gewünschte Konsistenz hat. 2 Esslöffel genügen für eine WC-Reinigung.

Variante: Für eine Expresspräparation kann die geriebene Seife auch durch 7 Esslöffel Schmierseife ersetzt werden.

◆ TIPPS!

◇ Wir sollten Toilettenpapier verwenden, welches gesundheits- und umweltverträglich ist. Es sollte aus Recyclingpapier und ohne Zusatz fragwürdiger Stoffe und Farben hergestellt sein und, wenn möglich, komprimiert in großen Rollen gekauft werden.

◇ Auch die WC-Reinigungsmittel sollten Gesundheit und Umwelt achten.

◇ Chlorbleiche und ähnlich aggressive Mittel zerstören die Mikroorganismen, die für die Fäkalienzersetzung gebraucht werden.

◇ Das Wasser der Toilettenspülung muss nicht unbedingt Trinkwasser sein und kann z. B. auch aus einer Zisterne kommen.

◇ Auch Trockentoiletten (ohne Wasser mit Sägemehl) können eine Alternative darstellen.

IN DER TOILETTE

WAS LÄUFT FALSCH?

Toilettenpapier wird heute aus Zellstoffwatte hergestellt, der aber zahlreiche Mittel zugefügt werden, die es weicher, geschmeidiger und wohlriechender machen sollen. Die genaue Zusammensetzung fällt unter das „Betriebsgeheimnis". Der WWF (World Wildlife Fund) arbeitet gerade an einer Studie, die die Auswirkungen der industriellen Herstellung von Klopapier auf die Erderwärmung untersucht. Sie kritisiert die Verwendung von Holzfasern, den Verbrauch unglaublicher Mengen Wasser und die Umweltschäden durch Bleichmacher.

Toilettenreinigungsmittel enthalten in der Regel Tenside sowie Salz-, Schwefel- und Phosphorsäure zum Zersetzen von Ablagerungen, Zusatzstoffe für Konsistenz, Farbe und Parfüm sowie Desinfektionsmittel. Die diversen Säuren und Salze neutralisieren zwar Kalk, verschmutzen aber zugleich das Grundwasser.

Eine Toilettenspülung verbraucht etwa 10 l Trinkwasser.

Alkohol, ätherisches Öl, Zitrone und Wasser: fertig!

Desinfektionsmittel

❊ Toilettendesinfektionsmittel

In einer Sprühflasche 500 ml Branntweinessig, 20 Tropfen Zitronenöl und 500 ml Wasser mischen. Vor jedem Gebrauch gut schütteln. Auf die zuvor gereinigten Toiletten sprühen.

Variante: Statt Essig kann auch 90%iger Alkohol oder Feinsprit verwendet werden.

❊ Toilettenparfüm

Ein einfacher parfümierter Stein verbreitet einen angenehmen Geruch in einer Toilette.
Zwei Mal wöchentlich 2 Tropfen Zitronen- oder Lavendelöl auf einen beliebigen Stein träufeln.

KOSTEN	
MITTEL	KOSTEN IN €
Reinigungsmittel (750 ml)	0,60
Desinfektionsmittel (750 ml)	0,36
Raumparfüm	16 Tropfen ätherisches Öl 0,32 €/Monat

Einfaches Raumparfüm !

IN DER
WASCHKÜCHE

In der Waschküche

Waschmittel

IN DER WASCHKÜCHE

Kernseifenwaschmittel

Geriebene Seife, ätherisches Öl, Wasser: Fertig!

WAS LÄUFT FALSCH?

In der heutigen Zeit ist zwar das Waschen eine geringere Anstrengung als früher, doch ist der Anspruch an Sauberkeit wesentlich höher, auch wenn hier wohl jeder eigenen Richtlinien folgt. Manche sparen sicher nicht am Waschmittel, vergessen jedoch manchmal den einfachen Hausverstand (z. B. Händewaschen vor dem Wäscheaufhängen, Unterwäsche in der Schmutzwäsche von Tischtüchern und Servietten trennen etc.).

Abgesehen vom Müll ihrer Verpackungen sind Waschmittel vor allem wegen ihrer Zusammensetzung bedenklich. Phosphate und Phosphonate tragen zur Eutrophierung bei Tensiden bei, Aufheller usw. schaden nachweislich Flora und Fauna. Eine übermäßige Verwendung von Weichspülern verschmutzt das Grundwasser und kann Allergien hervorrufen.

Aschenwaschmittel

Asche und Wasser, einweichen,

... filtern,

... fertig!

Waschmittel

Waschmittel für Kleidung gibt es heute in verschiedenen Formen: Pulver, Tabs oder flüssig. Es enthält Tenside, die den Schmutz lösen, und zahlreiche andere Zusatzstoffe wie Farbstoffe, Parfüms, Bleich-, Lösungs-, Entkalkungs-, Konservierungs- und Verdickungsmittel.

◆ TIPPS!

◇ Oft kann die Dosis um ein Drittel, bei Wagemutigen sogar um die Hälfte reduziert werden.
◇ Statt einem Vorwaschgang lieber die Wäsche einweichen.
◇ Für Normalwäsche genügt ein Waschgang bei 40 °C, 60 °C für schmutzige und 90 °C (gelegentlich) nur für extrem schmutzige Wäsche. Wolle immer bei 30 °C waschen.
◇ Oft genügt ein Kurzwaschgang von 30 bis 40 Minuten.
◇ Wenn möglich maximal schleudern und lieber auf der Wäscheleine als im Trockner trocknen.
◇ Der Filter der Maschine sollte mindestens einmal jährlich gereinigt werden.
◇ Maschine und Heizstäbe werden durch einen Leerwaschgang mit 3 Gläsern Branntweinessig gereinigt.
◇ Die Reinigung wird durch einen Wasch- bzw. Tennisball in der Trommel optimiert.

◇ Die Verwendung eines Biowaschballs (siehe Glossar) reduziert den Waschmittelverbrauch für Waschzyklen bis zu 50 °C.
◇ Kleine Flecken lieber mit der Hand vorwaschen, als sie in Waschmittel zu tränken.

Die folgenden Rezepte eignen sich für nicht allzu schmutzige Alltagswäsche von 30 °C bis 90 °C. Sehr schmutzige Wäsche oder Flecken sollten zuvor eingeweicht werden, was natürlich etwas mehr Aufmerksamkeit und Muskelkraft bedeutet. Klassische Waschmittel einfach durch sanftere ersetzen. Wenn wir unser Waschverhalten nicht ändern, wird es kaum zu befriedigenden Ergebnissen kommen.

❋ Kernseifenwaschmittel

In einem Glas 30 g geriebene Olivenölseife oder Bio-Kernseife, nach Wunsch 15 Tropfen Zitronen- oder Lavendelöl und 1 l kochendes Wasser mischen. Gut verrühren und 1 Nacht stehen lassen, bis die Mischung fest wird. Für ein flüssigeres Mittel genügt es, sie stärker zu verdünnen. ½ Glas pro Wäsche genügt.

Variante: Man kann statt klassischem Waschmittel auch 50 g Seifenflocken oder 3 Esslöffel Schmierseife direkt in die Maschine geben.

❋ Aschenwaschmittel

Asche wird schon seit Menschengedenken zum Waschen verwendet: die enthaltene Pottasche löst Fette.

IN DER WASCHKÜCHE

Universal-fleckenmittel

Mit Olivenölseife

Weichspüler

Mit Branntweinessig

... und ätherischem Öl.

76

... fertig!

50 g Asche vom Kamin (oder dem eines Nachbarn, der sich freuen wird, sie loszuwerden) in ein Glas sieben. Mit 1 l Wasser mischen und eine Nacht stehen lassen. Am nächsten Tag filtern. Man braucht 4 Gläser für eine Wäsche. Die Mischung hält sich 1 Woche bei Zimmertemperatur.

Variante: Kocht man die Asche 10 Minuten, genügt es, sie 3 Stunden ruhen zu lassen.

❖ Nachtwäsche

½ Glas Branntweinessig in die Waschmaschine geben. Dann 2 Esslöffel Kristallsoda auf einem Küchentuch darübergeben, um es vom Essig zu trennen. Maschine mit Schmutzwäsche füllen und einschalten. Nach der Hälfte des ersten Waschzyklus anhalten und über Nacht einwirken lassen. Am nächsten Morgen wird fertig gewaschen.

❖ Universalfleckenmittel

Haben Sie gerade keine Gallseife zur Hand (siehe Anhang), werden Flecken mit nasser Seife (auf trockenem Stoff) eingerieben, die mindestens ½ Stunde einwirken sollte. Dann mit der restlichen Wäsche waschen.

❖ Weichspüler

5 Tropfen Lavendel- oder Zitronenöl mit ½ Glas Branntweinessig mischen und statt dem Weichspüler in die Waschmaschine geben.

IN DER WASCHKÜCHE

Wäscheparfüm

Alkohol,

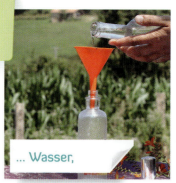

... Wasser,

... und ätherisches Öl,

... fertig!

❈ Wäscheparfüm

Wäscheparfüm wurde früher noch häufig verwendet, als es noch keine Weichspüler gab.
In einer 100-ml-Sprühflasche 1/10 90%igen Alkohol oder Feinsprit mit 10 Tropfen Lavendel- oder Zitronenöl mischen. Gut schütteln, bevor es auf die Wäsche gesprüht wird.

KOSTEN	
MITTEL	FÜR EINE WÄSCHE-LADUNG IN €
Aschenwaschmittel	Gratis
Kernseifenwaschmittel	0,03
Schmierseifenwaschmittel	0,04
Nachtwäsche	0,17

Statt eines Schlussworts

Ich kann mich noch gut an die Zeit erinnern, in der ich viele „normale Dinge", sprich: die Überzeugungen und Gewohnheiten des Alltags (kurzum meine kulturelle Konditionierung), einfach nicht in Frage stellte. Hätte man mir damals vorgeschlagen, meine Haut einfach mit Olivenöl einzuschmieren, meine Wäsche mit Olivenölseife zu waschen oder praktisch „nichts" in die Waschmaschine zu geben, wäre ich diesen Ratschlägen mit starken Zweifeln begegnet.

Einige Anstöße aber haben Wurzeln geschlagen, so zum Beispiel

◇ der Löwenzahnsalat meines Urgroßvaters (Pepe Coco);
◇ meine Großmütter mit ihrem Kräutertee und den Kohlblättern gegen die Sonneneinstrahlung;
◇ das Rosenwasser meiner Tante Flo;
◇ so manche „eigenartige" Bekanntschaft;
◇ die Freunde, die mir in der Wiederentdeckung alten Wissens vorausgegangen sind;
◇ Lektüre
◇ und schließlich die neuen Freunde auf dem Weg.

All das hat in mir die kindliche Neugier erweckt, derer es bedarf, um sich Neuem, Anderem zu öffnen.

Natürlich gab es anfänglich Bedenken: Würde mir dieses Rezept gelingen? Kann etwas so Einfaches überhaupt funktionieren? Wer hätte mir in den Kinderschuhen meiner ersten Versuche helfen sollen? Hier gibt es keine verführerischen Etiketten und Werbe-Slogans, die garantieren, dass die Dinge selbstverständlich funktionieren. Doch machte die anfängliche Unsicherheit bald der Freude am Selbstgemachten Platz, das feststellbar funktionierte. Es macht einfach Spaß, sich mit Freundinnen über dieses oder jenes Rezept wie über ein altes Geheimnis austauschen zu können.

Heute weiß ich, dass eigentlich nichts grundsätzlich anders ist; dass alles schon immer in unmittelbarer Reichweite vor mir lag. Nur ich und meine Wahrnehmung der Dinge mussten sich ändern, um es sehen zu können.

ANHANG

Anhang

> Glossar
> Heikle und gefährliche Handgriffe
> Merkblatt: Inhaltsstoffe der verschiedenen Mittel
> Kleines Spiel: Brieftaschentest
> Lexikon bedenklicher Inhaltsstoffe in der Kosmetik
> Ausgewählte Internetadressen

Glossar

> **Alkohol:** Alkohol wird durch Destillation fermentierten Zuckersafts von Obst, Getreide oder Gemüse gewonnen. Neutraler Ethylalkohol eignet sich zur inneren und äußeren Anwendung. Meist ist Alkohol jedoch denaturiert, z. B. durch den Zusatz von Kampfer. Dadurch wird er ungenießbar gemacht und ist der äußerlichen Anwendung vorbehalten.

> **Ätherisches Öl:** Die natürlichen Aromasubstanzen bestimmter Pflanzen können durch Pressung oder Destillation gewonnen werden. Diese Essenzen sind nicht wasserlöslich, weshalb sie in Pflanzenöl, Alkohol oder Essig gelöst werden. Manche töten Pilze, Bakterien oder Viren. Im Gegensatz zur Chlorbleiche (oder zu Antibiotika im Gesundheitsbereich) führen sie zu keiner Resistenz.

> **Bienenwachs:** Diese vor der Verarbeitung gelbe und fettige Substanz wird von der Wachsdrüse der Bienen zur Herstellung der Waben ausgeschieden. In der Kosmetik kommt sie in Cremen, Salben, Lippenstift usw. zur Anwendung. Bienenwachs ist sehr lange haltbar.

> **Chlorbleiche:** Starkes Oxidationsmittel mit einer Wirksamkeit von 99,9 %. Sie desinfiziert, desodorisiert, entfärbt, aber reinigt nicht, weshalb sie auf zuvor gesäuberten Oberflächen angewandt wird. Sollte sie noch Bestandteil Ihres Reinigungsarsenals sein, so verlieren Sie nie aus den Augen, dass 2 Tropfen genügen, um 1 l Wasser zu sterilisieren. Sie wird also immer verdünnt mit kaltem Wasser verwendet. Zum Reinigen von Waschbecken z. B. benötigt man 1 Teil Chlorbleiche für 15 Teile Wasser. Für Bodenwäsche genügt eine Verdünnung von 1 : 70. 5 Minuten einwirken lassen und klar spülen.

> **Essig:** Wein, Bier, Most oder anderer Alkohol wird durch eine Bakterie in Essigsäure umgewandelt. Trotz seines geringen Preises und seiner zahlreichen Anwendungsgebiete in Ernährung, Haushalt und Körperpflege wird dieses hocheffiziente Mittel heute kaum verwendet.

> **Kalkwasser:** Durchsichtige Mischung von Wasser und Luftkalk, die aufgrund ihrer ausgezeichneten Reinigungsqualitäten oft in der Pharmazeutik, insbesondere jedoch in der Kosmetik angewandt wird. Es ist ein wichtiger Bestandteil unseres Pflegeöls.

> **Kristallsoda** (Natriumkarbonat): Früher wurde Kristallsoda aus Mineral, Natron oder Asche von Algen oder Pflanzen wie Queller gewonnen. Heute wird es aus Salz und Kreide hergestellt. Es hat zahlreiche Anwendungsgebiete: Es löst Flecken und Fette, macht Wäsche weich und wird zum Reinigen des Bodens verwendet. Es ist zwar nicht biologisch abbaubar, soll aber nicht umweltschädlich sein.

> **Mikrofasertuch:** Obwohl synthetische Fasern weder in der Produktion noch im Müll ökologisch sind, scheinen mir diese Stoffe dennoch erwähnenswert, da sie im trockenen Zustand Staub, Schmutz und Bakterien anziehen. Feucht kann dieser Stoff ohne jegliches Reinigungsmittel zum Entfetten oder zum Fensterputzen verwendet werden.

> **Natron:** Natriumhydrogenkarbonat ist uns meist in Form von weißem Backpulver bekannt, kann aber durchaus auch zur Reinigung verwendet werden, da die winzigen Kristalle Schmutz und Flecken ganz fein abschleifen, ohne Oberflä-

chen zu beschädigen. In der Körperpflege findet es insbesondere bei Zahnpasta Verwendung.

> **Olivenöl:** Das kostbare kaltgepresste native Bioolivenöl extra wird sorgfältig aus in Steinmühlen gepressten Früchten gewonnen. Fünf Kilogramm gereinigte, gepresste Früchte sind erforderlich, um einen Liter Öl zu erhalten. Die Bezeichnung „natives Olivenöl extra" garantiert ein unraffiniertes, ausschließlich mit mechanischen Verfahren gepresstes Öl höchster Qualität, welches nicht geschleudert, sondern nur dekantiert wird. Als Öl aus „erster Kaltpressung" dürfen nur Produkte bezeichnet werden, die bei der Pressung einer maximalen Temperatur von 27 °C ausgesetzt waren. Während „natives Olivenöl" einen Säuregehalt von bis zu 2 % aufweisen darf, begrenzt der Zusatz „extra" diesen auf 0,8 %.

> **Ringelblumen:** Die einjährige Pflanze (*Calendula officinalis*) blüht von Frühling bis Herbst. Diese alte Färberpflanze wird u. a. als ungiftige Lebensmittelfarbe (z. B. in Butter), aber auch gegen Entzündungen, Viren, Bakterien und zur besseren Vernarbung verwendet.

> **Seife:** Die meisten Seifen enthalten tierische Zutaten, außer sie sind ausdrücklich „rein pflanzlich".

◊ **Gallseife** ist ein Naturprodukt mit Rindergalle zur Fleckenbehandlung.

◊ **Alepposeife** wird aus Oliven und Lorbeeröl gewonnen und stammt ursprünglich aus dem syrischen Aleppo. Sie ist besonders für empfindliche Haut geeignet und kann für Körper und Haare genauso verwendet werden wie für die Wäsche, hat jedoch einen besonderen Geruch.

◊ **Savon de Marseille** ist ein besonders wirksames Reinigungsmittel für Haushalt, Körperpflege und Wäsche. Leider ist es noch keine geschützte Ursprungsbezeichnung, sondern entspricht bislang nur einer Herstellungsmethode. Die wahre Seife aus Marseille trägt den Aufdruck „vrai savon de Marseille", besteht zu 72 % aus Olivenöl, ist zu 100 % biologisch abbaubar, verursacht keinerlei Verschmutzung und ist für Allergiker unbedenklich. Industrielle Marseiller Seife hingegen kann wie Kernseife auch tierische Fette und verschiedene schwer abbaubare Zusätze enthalten und potenzielle Gefahr für das Grundwasser darstellen. Auch Kernseife sollte daher biologisch sein.

◊ **Schmierseife** existiert in zwei Formen: Für die Körperpflege eignet sich nur die aus Öl und gemahlenen schwarzen Oliven hergestellte Schmierseife. Nach dem traditionellen marokkanischen Rezept wird dieses Gemisch mit Salz und Pottasche eingeweicht. Sie kann für Peeling und Feuchtigkeitshautpflege verwendet werden. Hausschmierseife ist 100 % natürlich und besteht aus Pottascheseife und Wasser. Sie kann schmierig oder flüssig sein, ist aber in jedem Fall konzentriert. Als Universalreinigungsmittel kann sie im Haus und für die Wäsche verwendet werden.

> **Seifenkraut:** Der Name dieser mehrjährigen krautigen Pflanze (*Saponaria officinalis*) kommt vom lateinischen Wort *sapo*, Seife. Sie enthält das fettlösliche Tensid Saponin. Vor der industriellen Seifenerzeugung im 18. Jahrhundert wurde diese Pflanze in ganz Europa häufig benutzt.

> **Terpentin:** Genau genommen handelt es sich um Terpentinöl, welches aus der Destillation von Terpentin, einem halbflüssigen Harz diverser Nadelbäu-

me, gewonnen wird. Es wird meist in Literflaschen verkauft.

> **Tonerde:** Weiches Sedimentgestein, das sich durch den Zerfall von Mineralien bildet. Sie ist wasserundurchlässig, fühlt sich schmierig an und lässt sich leicht kneten, wenn sie mit Wasser vermischt ist. Sie hat ad- und absorbierende sowie antiseptische Wirkung. Ja nach ihrer mineralischen Zusammensetzung gibt es Tonerde in verschiedenen Farben. Bei der Zubereitung sollten Holzlöffel und Gefäße aus Ton oder Glas, nicht aber aus Aluminium verwendet werden.

> **Waschbälle:** Kleine Plastikbälle, die in der Trommel mit der Wäsche gewaschen werden. Sie imitieren das Wäscheschlagen der Waschfrauen von früher und ermöglichen dadurch einen geringeren Verbrauch an Waschmitteln. Nicht bei Wolle und empfindlichen Stoffen verwenden. Wen der Preis für die im Handel erhältlichen Waschbälle abschreckt, hat die Möglichkeit, sie durch zwei oder drei Tennisbälle zu ersetzen.

> **Waschkugel:** Waschkugeln ersetzen Waschmittel gänzlich. Im Inneren der Kugeln aus ungiftigem Plastik stecken kleine natürliche Keramikkugeln. Sie haben eine Lebensdauer von etwa drei Jahren. Auf diesem Prinzip basieren auch die neuen „waschmittelfreien" Waschmaschinen (WasH2O des chinesischen Herstellers Haier).

Heikle und gefährliche Handgriffe

Bei bestimmten Pflanzen und Mineralstoffen ist Vorsicht geboten. Hier ein Überblick:

> **Ätherische Öle** können trotz ihrer unbestreitbaren Vorzüge auch gefährlich sein. Manche dürfen nicht inhaliert oder in Hautkontakt gebracht werden. Diejenigen, die sich für äußerliche Anwendung eignen, sollten immer in Öl verdünnt werden. Manche ätherischen Öle können allergische Reaktionen auslösen. Ein guter Test besteht darin, eine winzige Menge in der Ellbogenbeuge aufzutragen und auf eine eventuelle Rötung zu achten. Beim Kauf sollte in jedem Fall auf gute Bioqualität geachtet werden. **Die Anwendung ätherischer Öle sollte bei Kindern und schwangeren Frauen vermieden werden. Flaschen sollten außer Reichweite von Kindern aufbewahrt werden.** In manchen Ländern sind bestimmte ätherische Öle apothekenpflichtig.

In Frankreich sind dies z. B. Salbei, Zeder, Ysop, Absinth, Beifuß, Rainfarn und Thuje. [Im deutschsprachigen Raum ist es am besten, sich vor Ort über einschlägige Regelungen zu informieren; Anm. der Red.]

> **Chlorbleiche** ist giftig und umweltschädlich, weshalb sie in keinem Fall zur Toilettenreinigung verwendet werden sollte, insbesondere, wenn das WC in eine Sickergrube mündet. Chlor kann in Boden, Grundwasser oder Luft mit organischen Stoffen chlororganische Verbindungen eingehen, die nachhaltig giftig sind und sich in der Nahrungsmittelkette ansammeln.

> **Kalkwasser** muss unverdünnt vorsichtig gehandhabt werden, da es Augen und Haut reizen kann. Bei der Verwendung sollten also Handschuhe und Brille getragen werden. Ist es einmal als Pflegelotion verarbeitet, besteht dieses Risiko natürlich nicht mehr.

> **Kristallsoda** ist ein Reizstoff, weshalb bei der Anwendung Handschuhe empfohlen werden.

> **Terpentin** sollte nur in gut gelüfteten Räumen und mit Handschuhen verwendet werden.

MÖGLICHE NEBENWIRKUNGEN ÄTHERISCHER ÖLE	
ÄTHERISCHES ÖL	**NEBENWIRKUNG**
Niaouli, Thymian, Minze, Kiefer, Majoran, Bergminze, Zimt, Basilikum, Nelken, Lemongras	Kann auch verdünnt Hautreizungen verursachen
Zitrone, Orange, Bergamotte, Engelwurz	Lichtempfindlichkeit (Sonne vermeiden)
Alle für Allergiker	Allergen
Kampfer, Dill, Thuje, Ysop, Petersilie, Beifuß	Neurotoxisch

Merkblatt: Inhaltsstoffe der verschiedenen Mittel

INHALTSSTOFFE	MITTEL
Echte Seife aus Marseille	Reinigungsmittel, Spülmittel, Shampoo, Zahnpasta, Waschmittel, Fleckenmittel
Kaltgepresstes Olivenöl	Bohnerwachs, Duftlotion, Reinigungsmilch, Schutzcreme, Pflegeöl
Bienenwachs	Bohnerwachs, Schutzcreme
Terpentin	Bohnerwachs
Branntweinessig	Desinfektionsmittel, Fensterputzmittel, Spülmittel, Haarlotion, Waschmittel, Weichspüler
Kalkwasser	Duftlotion, Pflegeöl
Natron	Zahnpasta
Asche	Waschmittel
Kaffeesatz	Abflussreiniger
Schmierseife	Reinigungsmittel, Waschmittel
Ei	Shampoo
Kernseife	Spülmittel, Shampoo
Tonerde	Kühlschrankgeruchsneutralisator, Zahnpasta, Gesichtsmaske
Alkohol	Desinfektionsmittel, Deo, Wäscheparfüm
Kohlepulver	Kühlschrankgeruchsneutralisator, Zahnpasta
Seifenkraut	Seife, Spülmittel, Waschmittel
Zitrone	Spülmittel, Zahnpasta
Kristallsoda	Reinigungsmittel, Spülmittel, Waschmittel
Kamille	Haarpflegespülung

Kleines Spiel: Brieftaschentest

Auf den ersten Blick mag dieses Spielchen vielleicht etwas penibel scheinen, doch führt es uns unsere Ausgaben in diesem Bereich sehr klar vor Augen. Oft besteht nämlich ein riesiger Unterschied zwischen dem, was wir glauben zu tun und was wir wirklich tun. Haben Sie alles ausgefüllt, werden Sie schnell sehen, wo Ihre höchsten Kosten liegen, und gezielt eingreifen und „umschichten" können.

MITTEL	MARKE	EINKAUFSPREIS	VERBRAUCHTE MENGE	MONATSBUDGET	JAHRESBUDGET
z. B. Waschmittel	Marke „x"	2,90 €/l	500 ml/Monat	1,45 €	17,40 €
Deo					
Desinfektions-mittel					
Duschgel					
Fensterputz-mittel					
Fleckenmittel					
Gesichtscreme					
Geruchs-neutralisator					
Handcreme					
Hautcreme					
Rasierwasser					
Rasierschaum					
Raumparfüm					

MITTEL	MARKE	EINKAUFSPREIS	VERBRAUCHTE MENGE	MONATSBUDGET	JAHRESBUDGET
Reinigungs-milch					
Reinigungs-mittel					
Schwämme					
Seife					
Shampoo					
Sonnencreme					
Spülmittel					
Toilettenpapier					
Waschmittel					
Wäscheparfüm					
Watte					
Wattestäbchen					
Weichspüler					
Zahnpasta					

ANHANG

Lexikon bedenklicher Inhaltsstoffe in der Kosmetik

Nach jahrelangem Kampf haben Verbraucherschutz-organisationen endlich Recht bekommen, sodass endlich alle Inhaltsstoffe verständlich angegeben werden müssen.

⮞ WISSENSWERT

Die meisten Kosmetikprodukte bestehen zu 80 % aus Grundmasse (als Träger des eigentlichen Mittels) und 20 % aktiven Stoffen und Zusatzstoffen, die für Konsistenz, Geruch, Farbe, Konservierung etc. verantwortlich sind. Fraglich sind meist diese Zusatzstoffe.

Die Grundmasse ist manchmal minderwertig, wie z. B. Silikone oder Mineralöle wie Paraffin, ein Restprodukt der Ölindustrie. Glücklicherweise verwenden einige Hersteller auch pflanzliche Öle.

› Krebserreger

- **Formaldehyde** werden als Konservierungsmittel eingesetzt.
- **Nitroaromate:** Zu dieser Gruppe gehören auch synthetische Duftstoffe, die sich im Gewebe anreichern. Einige davon sind verboten, seitdem Rückstände in der Muttermilch festgestellt wurden: Moschus-Ambrette, Moschus-Mosken und Moschus-Tibeten.

› Fragwürdige Substanzen

- **Parabene** werden als Konservierungsmittel eingesetzt und sind in zahlreichen Kosmetika enthalten. In den 1990er-Jahren erregte eine Untersuchung Aufregung, die einen Zusammenhang mit Brustkrebs aufwies.
- **Aluminiumsalze (oder anorganische Salze)** werden in Deos zur Schweißunterdrückung verwendet. Häufiger Gebrauch beschädigt die Schweißdrüsen. Überdies sollen sie Brustkrebs verursachen.
- **Synthetische und natürliche Parfüms** können allergische Reaktionen hervorrufen.
- **UV-Filter:** Im Jahr 2000 zeigte eine Schweizer Studie die Östrogenaktivität mancher UV-Filter auf, die Wachstumsstörungen und rasche Krebszellenvermehrung bei Kindern nach sich ziehen kann. Außerdem verschmutzen UV-Filter die Meere.
- **Glykoläther (VOCs)** sind als Lösungsmittel in einigen Kosmetika, Haushaltsmitteln, Farben und Medikamenten enthalten. Sie verfügen über interessante Eigenschaften, sind jedoch seit den 1970er-Jahren umstritten und teilweise verboten.

Es besteht der Verdacht, dass sie für Missbildungen von Kindern verantwortlich sind, deren Mütter bestimmten VOCs ausgesetzt waren.

- **Polyethylenglycol (PEG) und Polypropylenglycol (PPG)** sind Emulgatoren, die aus Giftgas hergestellt werden. Obwohl die einzelnen Bestandteile „sauber" und unschädlich sind, fragt sich, weshalb sie immer noch in Verwendung sind, obwohl es andere Lösungen gibt.
- **Triclosan** ist ein hochreaktives Chlorderivat, das in Deos, Zahnpasten, Toilettenpapier, Kleidung usw. verwendet wird, um Bakterien abzutöten. Es enthält möglicherweise Dioxine.
- **Ethylendiamintetraessigsäure (EDTA)**: Diesem vor allem in Seifen enthaltenen Komplexbildner wird vorgeworfen, sich im Organismus abzulagern. Außerdem ist er nur schlecht oder gar nicht biologisch abbaubar.
- **Halogenkohlenwasserstoffe** sind hochreaktive, synthetische Konservierungsmittel, die sich im Gewebe anreichern und allergen sein können.
- **Butylhydroxytoluol (BHT) und Butylhydroxyanisol (BHA)** sind potenziell krebserregende Antioxidationsmittel.

› Fragwürdige Grundstoffe

Hierunter fallen:

- Erdölderivate wie **Vaseline**, das nicht verstoffwechselbare **Paraffin**, und mineralisches **Glyzerin**;
- mineralische Öle wie das zwar vielseitig verwendete, aber kaum biologisch abbaubare **Silikonöl**;
- die **Nanopartikel**, deren Nebenwirkungen erst seit Kurzem bekannt sind.

› Unbedenkliche Produktbezeichnungen

Acetum: Essig
Alcohol denat: Neutralalkohol
Beeswax: Bienenwachs
Calcium carbonate: Kohlensaurer Kalk
Lac: Milch
Maris sal: Meersalz
Mel: Honig
Olea europea: Olivenöl
Ovum: Ei
Prunus dulcis: Mandel

ANHANG

Übung:
Entziffern der Inhaltsstoffe

Auf Packungen stehen laut der Kosmetik-Verordnung INCI zwar alle Inhaltsstoffe, diese aber oft in Latein oder Englisch – und das überdies oft auch in einer nur mit der Lupe entzifferbaren Schriftgröße.

Die 4 bis 8 ersten aufgeführten Stoffe stellen meist die Grundmasse, also den Hauptanteil des Produkts, dar. Dann folgen ohne bestimmte Reihenfolge die weiteren Inhaltsstoffe. Farbstoffe kommen am Ende der Liste (CL + 5 Ziffern).

Eine 7-stellige Zahl entspricht einem „Geheimcode", den der Hersteller für einen besonderen Inhaltsstoff bekommen hat.

Beispiel eines Naturprodukts: Babyreinigungsmilch

- *Water* .... Wasser
- *Alcohol* .... Alkohol
- *Simmondsia chinensis seed oil* .... Jojobakernöl
- *Glycerin* .... Glyzerin
- *Calendula officinalis extract* .... Ringelblumenauszug
- *Sodium beeswax* .... Verseiftes Bienenwachs
- *Palm kernel acid* .... Palmfettsäure
- *Glyceryl linoleate* .... Rückfetter
- *Butirospermum parkii* .... Schibutter
- *Xanthan gum* .... Xanthan (Bindemittel)
- *Magnesium aluminium silicate* .... Magnesium- und Aluminiumsilikat (Tonerde)
- *Fragrance :* .... Parfüms: Unbedenkliche Duftstoffe
    - *Limonene*
    - *Benzyl benzoate*
    - *Geraniol*

Beispiel eines herkömmlichen Produkts: Babyreinigungsmilch

- *Aqua* — Wasser
- *Paraffinum liquidum (mineral oil)* — flüssiges **Paraffin**
- *Glycerin* — Glyzerin
- *PEG-100 stearate* — Stearat **PEG-100** (aus Giftgas hergestellte Emulgatoren und Lösungsmittel)
- *Glyceryl stearate* — Glyceryl Monostearat (Emulgator)
- *Prunus dulcis* — Mandel
- *Sodium carbomer* — **Acrylsäure** (schlecht biologisch abbaubares Verdickungsmittel)
- *Dimethicone* — **Silikonöl** (schlecht biologisch abbaubar)
- *Disodium EDTA* — **EDTA** (Komplexbildner)
- *Glycine soja* — Sojaöl
- *Imidazolidinyl urea* — **Harnstoffimidazol** (Konservierungsmittel, siehe Formaldehyde)
- *Methylparaben* — **Methylparaben** (Konservierungsmittel, siehe Parabene)
- *Propylparaben* — **Propylparaben** (Konservierungsmittel, siehe Parabene)
- *Stearyl alcohol* — 1-Octadecanol oder Stearylalkohol (Rückfetter)
- *Tocopherol* — Vitamin E (Antioxidationsmittel)
- *Xanthan gum* — Xanthan (Bindemittel)
- *Fragrance* — **Duftstoffe** (aber welche?)

Die fett gedruckten deutschen Inhaltsstoffe sind bedenklich.

Ausgewählte Internetadressen

Pflegeprodukte und Haushaltsreiniger selbst herstellen

◇ Allzweckreiniger herstellen: www.grueneerde.com/info/ratgeber/kosmetik/reinigungsmittel-zum-selbermachen; Allzweckreiniger, aber auch Tipps zur Pflege von Holz, Möbeln, Schuhen etc.

◇ Alternative Reinigungsmittel: www.zentrum-der-gesundheit.de/alternative-putzmittel-ia.html; Tipps zu alternativen Putzmitteln

◇ Biokosmetik/Bioreiniger: biotiful.at/blog/#axzz3SZAN3o7a; Blog zu Themen wie „Biokosmetik selber machen", „Meine Bio-Reinigung"

◇ Haushaltsmittel und Pflegeprodukte: schwatzkatz.com/category/haushalt; interessante Artikel zu „Haushalt" und „Beauty"

◇ Haushaltstipps: www.fragilse.de; Tipps zu den Themen „Flecken entfernen", „Fenster, Autos, Kühlschränke etc. reinigen", außerdem „Pflanzenpflege" und „Gesundheitstipps"

◇ Haushaltstipps: www.meinehaushaltstipps.de; Tipps unterschiedlicher Autoren zu Themen wie „Putzen", „Waschen", „Bügeln", „Kosmetik"

◇ Hausmittel zum Putzen: www.putzen.de/besten-hausmittel-zum-putzen; Hausmittel als Haushaltsreiniger

◇ Inhaltsstoffe von konventionellen Reinigungsmitteln: www.hauswirtschaft.info/reinigung/reinigungsmittel.php; typische Inhaltsstoffe und umfangreiche Quellenangaben zu konventionellen Mitteln

◇ Kosmetik selbst herstellen: www.kosmetikmacherei.at; Informationen über Kurse zum Herstellen von Kosmetikprodukten

◇ Kosmetik selbst machen: www.meinekosmetik.de; Zubehör, Rezepte, Tipps & Tricks

◇ Kräuterkosmetik herstellen: www.natuerlich-heilen.at/Naturkosmetik-aus-Kraeuter-selber-machen; Anleitungen und Informationen zum Herstellen von Kosmetik aus Kräutern

◇ Naturkosmetik: art-of-beauty.at; zahlreiche Rezepte zum Selbermachen von Kosmetikprodukten

◇ „Plastikfreie" Putzmittel: www.keinheimfuerplastik.at/putzen-und-waschen-teil-1-das-putzgeheimnis; Hinweise zu Essig, Zitrone, Schmierseife und Co.

◇ Putzen, Waschen, Bügeln: www.frag-mutti.de; Tipps für die Lösung zahlreicher alltäglicher Haushaltsprobleme

◇ Putzmittel selbst machen: haushalt-leicht-gemacht.jimdo.com; Putzmittelrezepte und allgemeine Haushaltstipps

◇ Reinigen mit Essig: experimentselbstversorgung.net/tausendsassa-apfelessig; alles zum Alleskönner Apfelessig

◇ Reinigen und Putzen: www.muttis-haushaltstipps.de; Anregungen unter „Haushaltstipps von A bis Z"

◇ Tricks zum richtigen Putzen: dietrickkiste.de/tag/putzen; Tipps für spezielle Reinigungsfragen
◇ Vegane Haushaltsreiniger: http://www.peta2.de/web/diyputzen.1473.html; Tipps für vegane Allzweck-reiniger, Ofenreiniger, Abflussreiniger, Glasreiniger und Geschirrspülmittel
◇ Wege aus dem Wegwerfwahn: langsamerleben.wordpress.com; Artikel zu Reinigungs- und Pflegemitteln (Kategorien „Haarpflege", „Inhaltsstoffe", „Naturkosmetik", „Reinigungsmittel", „Zahnpflege" etc.)
◇ Wundermittel Natron: www.wundermittel-natron.info/natron-im-haushalt/hausmittel-natron.php; Natron als Haushaltsreiniger und für die Körperpflege

Biokosmetik-Anbieter
◇ Belmar Cosmetics: www.belmar-cosmetics.com
◇ CMD Naturkosmetik: www.cmd-natur.de
◇ Dr. Hauschka: www.dr.hauschka.com
◇ Lavera: www.lavera.de
◇ Logona: www.lagona.com
◇ Maryme GmbH: www.herba.de
◇ Nahrin: www.nahrin.de
◇ Pieper Biokosmetik: www.naturkosmetikcamp.com
◇ Sanoll Biokosmetik: www.sanoll.at
◇ Waschbär: www.waschbaer.de
◇ Weleda: www.weleda.at

Anbieter umweltbewusster Haushaltsmittel
◇ AlmaWin: www.almawin.de
◇ Andermatt-Biogarten (Pflanzenpflege, Haushalt, Garten etc.): www.biogarten.ch
◇ Beeta-Reinigungssysteme: www.beeta.eu
◇ Frosch-Haushaltsreiniger: werner-mertz.de
◇ Govinda Natur: www.govindanatur.de
◇ Sodasan Wasch- und Reinigungsmittel: www.govindanatur.de
◇ Sonett: www.sonett.eu
◇ Waschbär: www.waschbaer.de

Aus unserem Programm

ISBN 978-3-7020-1505-3

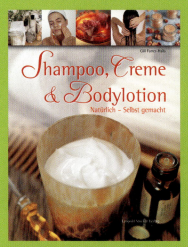

ISBN 978-3-7020-1194-9

ISBN 978-3-7020-1455-1

ISBN 978-3-7020-1456-8

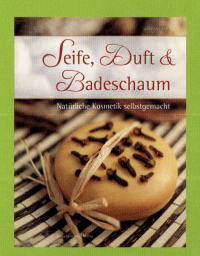

ISBN 978-3-7020-1161-1

ISBN 978-3-7020-1403-2

Leopold Stocker Verlag   www.stocker-verlag.com